· 李营 主编

霍朝沛 编

山东大学出版社

图书在版编目（CIP）数据

麻辣科学."绝妙"的科学/李营主编；霍朝沛编.
—济南：山东大学出版社，2013.9
ISBN 978-7-5607-4900-6

Ⅰ.①麻… Ⅱ.①李… ②霍… Ⅲ.①科学知识—普及读物 Ⅳ.①Z228

中国版本图书馆CIP数据核字（2013）第218908号

策划编辑：马银川
责任编辑：马银川 徐琳琳
整体设计：张 荔

出版发行：山东大学出版社
社址：山东省济南市山大南路20号
邮编：250100
电话：市场部（0531）88364466
经销：山东省新华书店
印刷：山东华鑫天成印刷有限公司
规格：890毫米×1000毫米 1/16 9.75印张 145千字
版次：2013年9月第1版
印次：2013年9月第1次印刷
定价：31.00元

写在前面的话

科学是一座宝殿，在她绚烂缤纷的空间里，凝聚了人类几千年来认识世界、改造世界的智慧结晶。走进这座宝殿，你能真切地感受到科学的恢弘壮阔和神奇奥妙。那些蕴含了科学智慧和奥妙玄机的发明创造和伟大发现，令人目不暇接，流连忘返。

《麻辣科学 · “绝妙”的科学》就是一本专门阐释这些神奇的发明和发现、解析其中所蕴含的科学知识和奥妙的科普读物。借助它的精辟诠释和生动阐述，青少年朋友们可以真切而明晰地了解：神奇的宇宙和太空、令人惊叹的信息科技术、巧夺天工的各种材料、大自然送来的奇妙礼物。你会发现，科学并不枯燥乏味。你会发现，原来科学是一个妙“景”横生的万花筒！

为了增加知识的趣味性，提高青少年读者的阅读兴趣，本书特意塑造了两个角色——小龙崎和龙叔叔。小龙崎是一个活泼开朗的学生，酷爱科学，对世界上的一切事物都充满好奇和兴趣，平时总喜欢缠着龙叔叔问个“为什么”。龙叔叔是一位科学院的博士，他知识渊博，对世界科学史了如指掌，因此总被小龙崎“纠缠”。但不管小龙崎如何“刁难”，他都能对答如流。通过小龙崎与龙叔叔的一问一答，本书深入浅出地将科学知识生活化、趣味化。你还等什么呢？赶快跟随小龙崎和龙叔叔开始一段精彩有趣的科学之旅吧！

另外，鉴于编者水平有限，书中难免存在粗疏错漏之处，敬请方家不吝赐教。本书在编写过程中，尤其是在解释科学现象或说明科学原理部分，参考了部分专家学者的观点和著作，在此一并深致谢忱！

编 者

2013 年 5 月

目录

一、神奇的宇宙和太空

二、令人惊叹的信息科技

麻辣科学——“绝妙”的科学

三、巧夺天工的各种材料

四、大自然送来的奇妙礼物

一、神奇的宇宙和太空

1 傲视苍穹的"哈勃"

龙叔叔给小龙崎买了一个望远镜，小龙崎用它观看远处的景物，原来看不清的树一下子就来到了眼前。小龙崎问龙叔叔："天文学家观察天空中的星星时，是不是也用这种望远镜？"

"不是，咱们用的这种望远镜是很初级的，天文学家做科学研究要用更专业的天文望远镜。有时候为了看得更加清晰，天文学家还把望远镜送入太空，在大气以外观测宇宙。例如，哈勃空间望远镜就是第一个在太空飞行的望远镜。"

"哈勃空间望远镜？它是什么样的呢？"

哈勃空间望远镜是以美国已故著名天文学家、宇宙大爆炸理论创始者埃德温·哈勃命名的，它是由美国航天局和欧洲空间局联合制造的。它本身的造价与其地面支持系统总共耗资 21 亿美元。哈勃的外形好像一辆长着翅膀的大型公共汽车，长 13.3 米，直径 4.3 米，重 11.6 吨，运行在 587 千米高的轨道上。该望远镜由光学部分、科学仪器、辅助系统三部分组成。光学部分是它的心脏，辅助系统则包括两个太阳能电池板和两个与地面通信用的抛物面天线。哈勃望远镜的观测本领很高，相当于从华盛顿可以看到 1.6 万千米外的悉尼的一只萤火虫。"哈勃"配备的传输装置可将探测的图像和数据以每秒 100 万位二进制数码的速度发回地面。

然而，1990 年 7 月初，美国宇航局的天文学家用哈勃望远镜对一颗恒星调准焦距时，却始终得不到清晰的图像。经过反复测试、调整后，人们发现它是个“近视眼”，这给科学、经济带来了巨大的损失。科学家们一直在研究采取什么措施来修复它。1992 年 12 月 2 日，“奋进号”航天飞机发射升空。4 日，宇航员操纵航天飞机机械臂成功地抓住了哈勃望远镜。从 4 日到 9 日，经过五天的努力，他们终于成功地修复了哈勃望远镜。12 月 10 日，哈勃空间望远镜重新入轨。后来，科学家重新开发出影像处理软件，从而使哈勃望远镜的视力恢复到了原设计要求的一半，并有了许多新的重大发现。

小龙崎急切地问：“哈勃空间望远镜的重大发现都有哪些？”

龙叔叔说：“尽管‘哈勃’出师不利，遭到了一些非议，但因它毕竟摆脱了地球大气的影响，还是能有所作为的。1990 年 5 月 20 日，它为人类传回了第一张天体照片，这是一个离我们有 1400 光年的星团。以前，天文学家们从地面上看到它的中间有一长条光，但始终不知此为何物。‘哈勃’的资料却明确显示出，这不是什么光，而是两颗恒星。

“宇航员的辛勤劳动再加上电脑的巧妙修正，更使‘哈勒’如虎添翼。1994 年适逢‘彗木大相撞’，在这场千年不遇的罕见事件中，‘哈勒’居高临下，又不受白天限制（太空中永远是漆黑的），因而得到了非常完整的资料：它证实了恒星到晚年时会向太空喷发，形成含有重元素的星云；它也见到了鹰状星云中孕育在‘球状体’内的那些‘原恒星’；它目睹了猎户座内在最近所诞生的恒星的风韵；它发现了许多类星体都位于星系核内，为揭开星系奥秘提供了有益的帮助；它还发现宇宙中‘车祸’不绝，而那些星系相撞出现的变化，也为研究星系的演化提供了观测依据；它还使‘地外行星’的队伍一再扩员……

“在太阳系内，‘哈勒’也是捷报频传：木星两极的绚丽极光绵延数千千米，景象十分壮观；土星上除了也有极光外，居然还有规模巨大的尘暴；火星上的气候瞬息万变，几分钟内就会有大起大落的变化；冥王星的真容也第一次在人类面前显现出来……”

不可不知的事

神奇的天文工具

与其他望远镜一样，哈勃望远镜有一个一端开口的长筒，内设的镜子可以采集光线，并将其传送到“眼睛”聚集的焦点。哈勃望远镜有几种类型的“眼睛”，也就是各种仪器。正如某些动物可以看到不同类型的光（如昆虫可以看到紫外光，而人类能看到可见光），哈勃望远镜必须能够观测到从天空洒下的各种光线。正是这些各式各样的科学仪器造就了哈勃太空望远镜这一神奇的天文工具。然而，哈勃望远镜不仅是一台配备了科学仪器的望远镜，而且还是一架航天器。因此，它还需要动力，以便在轨道中运行。

2 茫茫宇宙觅知音

这天吃过晚饭，小龙崎打开了电视，里面正在播放斯皮尔伯格导演的科幻电影《E.T.》，电影里的那个外星人给小龙崎留下了深刻的印象。

看完电影，小龙崎意犹未尽，他问道："龙叔叔，电影里那样的外星人真的存在吗？他们生活在哪个星球？"

龙叔叔伸了个懒腰，说："一直以来，科学家们都认为在茫茫宇宙中存在着外星生命。几十年前，人类就开始了寻找外星生命的活动。科学家们认为，同地球外智慧生命的接触是人类历史上最重大的事件。"

"科学家用了哪些方法来寻找地外文明？"小龙崎兴趣盎然地问道。

1974 年 11 月，美国的科学家们从位于波多黎各的一个天文台，向 24000 光年以外的 M13 大星云发出了第一组人类的信息。那条信息长度仅为 3 分钟，由 1679 个字节构成，其中包括地球在太阳系中的位置、人类的外形和 DNA 资料、5 种化学元素的分子构成以及一个射电望远镜的形象。

1977 年 8 月 20 日，美国宇航局发射了"旅行者 2 号"太空探测器，"旅行者 2 号"从此开始了它永无止境的太空旅行。它重 825 千克，共由 6500 个零件组成，它身上的 16

个火箭发动机，可以根据地面指令调整飞行方向。而且，利用电视摄像机，它还能把拍摄到的图像发回地球。在遥远的宇宙空间是否存在有智力的生命？他们是否具有比我们更高级的智慧、更发达的文明？为了同外星人取得联络，“旅行者 2 号”上携带了地球人的礼物——《地球之音》唱片。这张唱片上用编码信号记录了 115 张图片、地球上 55 种语言的问候语、35 种地球上自然界的声音以及世界名曲 27 首。中国的长城图景、古琴曲《流水》也都录在这张唱片里。

1989 年，“旅行者 2 号”飞离了太阳系。它的下一段旅程将十分寂寞，因为在95.8 万年内，它不可能同任何星球相遇。但是，它仍怀着巨大的好奇心，肩负着人类的重托，在茫茫宇宙中不知疲倦地寻找着外星人。

1992 年 10 月 12 日，美国太空总署开始了一项规模空前庞大、为期 10 年的狂妄计划——搜寻天外智慧生物。这项庞大的“寻找外星人”计划，汇集了全球各地一流科学家的智慧。搜寻的焦点，一部分将集中于约 800 颗太阳状的恒星，一部分将搜索整个太空。电脑则将同时接收 3000 万个无线电频道的所有信号。

“现在找到外星人了吗？”小龙崎又问。

“到目前为止还没有。”龙叔叔遗憾地说，“科学家们企盼着，在宇宙的天然无线电噪音外，能够听到诸如‘你们并不孤独，请来参加银河俱乐部’之类的信号。这信号或许是一串晦涩的数字公式，或许是一组元素的原子量编码，或许是其他任何可以辨认的信号。科学家们坚信，在广阔无边的宇宙中，这种信号一定存在，人类绝不孤单。美国康乃尔大学国家天文学与电离层研究中心主任德瑞克估计说，只是银河这一星系里，大概就有 1000 亿个适合于生物生存的行星。”

不可不知的事

来自人马座的外星信号

位于美国加州的卡玛天文观测站，拥有世界上最大的射电望远镜群。2005年底，该设施在对距离地球4900光年的一颗行星例行观察时，发现了微弱的信号。这是一个从外层空间传来的长达37秒的无线信号。在发现这一信号后，该设施在随后的2400小时里，多次记录到了类似的信号。这一信号来自人马座方向，采用的是大约1420兆赫的辐射脉冲。离人马座方向最近的恒星也有220光年远，如果这一无线信号真是从那里发出，那里一定发生了奇迹——或者是某个外星文明采用了一架超强力发射机发射而来的信号。虽然目前仍旧无法完全确认这些信号的内容，但科学家们已经可以从中分离出明显的文明特征。

3 到太空中抓卫星

这天，电视新闻里说，我国又在酒泉卫星发射中心成功发射了两颗卫星。小龙崎知道以后很振奋，但他也有点担心。于是他问：“龙叔叔，卫星在那么高的天上飞，万一出现故障该怎么办呢？”

龙叔叔拍了一下小龙崎的头，说：“你想得还真全面，这种情况还真发生过。1990 年 3 月 14 日，‘国际通信卫星 6 号’升空。几天之后，卫星就发生了故障，与地面失去了联系。于是，美国的航天科学家们设计了一种机械臂，到太空中去‘抓’它！”

“到太空中去抓卫星？真有意思，龙叔叔快给我讲讲吧！”小龙崎嚷道。

1992 年 5 月 7 日格林尼治时间 23 时 40 分，美国“奋进号”航天飞机发射升空，开始了首次飞行。它这次飞行的主要任务是修复国际卫星组织停留在低轨道上的一颗卫星。

进入太空后，“奋进号”便开始追赶这颗命名为“国际通信卫星 6 号”的卫星。三天后，“奋进号”终于追上了这颗卫星。这时，这颗卫星恰好在地球背向太阳的一面，四周黑洞洞的。回收卫星的工作开始了。

宇航员皮埃尔·索特和理查德·希布慢慢地飘出航天飞机的小门，为了防止他们从太空中飘走，他们的脚用安全绳系住。索特手持一根长 4.5 米的捕获杆移向卫星，他需要用这个杆卡在卫星底座上，然后用航天飞机上的机械手将卫星抓回货舱。由于太空中的所有物体都处于失重状态，所以一切机械操作都变得很难控制，稍有不慎，手里的工具就会飞走，卫星也会激烈地摇动。

索特试图将杆卡在卫星底座上，不但没有成功，卫星反而摇动、旋转起来。两位宇航员虽经过 4 个小时的努力，但还是以失败告终了。他们于是决定第二天在阳光下回收卫星。11 日，“奋进号”再次飞近卫星，两位宇航员第二次进入太空抓捕卫星。然而，卫星如同一匹野马，就是无法驯服。但两次失败并没有使宇航员灰心，他们决定徒手抓捕。

13 日，由 3 名宇航员组成的抓捕队从航天飞机里飘出来，慢慢接近卫星。3 个人的脚系在货舱上，身体互成 120° 角。他们接近卫星后，几乎同时抓住了卫星，这时卫星正以每秒 0.2 周的速度旋转着。1 分钟后，他们设法使卫星停止转动。徒手抓住飞旋的卫星是人类有史以来的第一次，这项工作十分冒险，因为宇航服如果被卫星划破一个大于 1 厘米的口子的话，宇航员就会因为来不及回到航天飞机内即丧命于太空。

“这些宇航员真勇敢！”小龙崎佩服地说。

龙叔叔点点头，说：“是呀。经过一个多小时的努力，宇航员们终于稳住了卫星。然后，航天飞机内的布鲁斯·梅尔尼用安装在航天飞机左舷处长 15 米的遥控机械手，抓住捕获杆伸出卫星底座的一头，慢慢地将卫星拉至货舱。两小时后，宇航员们将一个 11.2 吨重的固体燃料火箭发动机安装在卫星的底座上，然后松开发动机下的一个弹簧，弹簧将修复好的卫星慢慢地推离航天飞机。随后，‘奋进号’点火飞离太空。”

不可不知的事

世界上第一颗人造地球卫星的发射

第二次世界大战后，美、俄从德国弄来现代火箭的鼻祖V-2火箭的资料、图纸和技术人员，在V-2火箭基础上开始发展各自的运载火箭和航天器。在战后10年内，由于美国对发展远程火箭缺乏热情，其火箭技术进展较慢。而在苏联，斯大林独具慧眼，他预见了远程火箭的巨大威力，因而极为重视，使苏联的火箭技术发展神速。苏联采取了不惜耗资、集中精英、统一领导、技术上注意实用和继承性以及步步为营等办法，终于在1957年8月26日成功地发射了两级液体洲际弹道导弹SS-6。同年10月4日，苏联又利用由SS-6改装的运载火箭发射了世界上第一颗人造地球卫星——斯普特尼克1号，它首先闯入浩瀚的太空，开创了航天的新纪元，开辟了人类的登天之路。

4 妙趣横生的太空生活

2012 年 6 月 16 日，小龙崎早早地吃完晚饭就守在了电视机前，因为他要看“神九”发射的实况直播。18 时 37 分，“长征二号”火箭将“神舟九号”飞船送入太空，三名中国航天员将第一次进入“天宫一号”生活。看完发射实况，小龙崎问：“龙叔叔，宇航员叔叔、阿姨们在‘天宫一号’里能正常生活吗？”

“当然能了。为了给我们的宇航员提供舒适的生活环境，科学家在‘天宫一号’里安放了许多先进的设施。在那里，宇航员不仅可以享受类似地面的生活，而且还能够体会好多在地球上无法体会到的乐趣。”

“在地球上不能体会到的乐趣会是什么样的呢？”小龙崎问。

在太空中，最有意思的当数失重状态下的自由飘浮了。没有重量的感觉使人好像重新回到了胎儿时代——手臂不会像在地球上一样自然地垂下来，膝盖及臂部的地方会自然地弯曲，想做任何动作都毫不费力。

可是，在太空中睡觉就十分费事儿了。想把头摆在枕头上将是十分困难的。如果想让头枕着枕头，就必须把头绑在枕头上。至于是侧着睡、仰着睡还是趴着睡，根本没有什么差别，因为在太空中没有上下之分。另外，腰部也要用绳子绑在床上。如果没有把腿固定住，睡熟后腿就会自己抬起来，样子十分怪异。不过，还是有一些宇航员喜欢选择自由飘浮着睡觉。但是，这样也有不利的地方，航天飞机里空气循环用的风扇会把睡着了的宇航员吹得到处“飞”。宇航员睡醒后常常是已经被碰得鼻青脸肿了。一些宇航员在睡袋中睡觉，但稍不小心就会从睡袋中飞出来。为了解决这个问题，设计人员在飞船上安装了壁橱，供宇航员就寝。

宇航员们在航天飞机里洗澡很困难。他们使用的装置喷出来的不是水流，而是含水的气流，因为水如果喷到身上，就会“沾”住了，不往下流。专家们计算过，要想让水流动，水喷射的速度必须达到5～10米/秒，而这样又会把人冲倒。

宇航员们在太空中的生活仿佛回到了童年，一切不得不从头学起：如何洗脸、怎样刷牙、如何吃东西才不会搞得一团糟，还得学会如何上厕所。这不是笑话，因为空间站里的一切都是飘浮在空气中的，这里没有地球上的引力。要想刷牙虽然不难，但是当宇航员要吐牙膏泡沫时，只要一张嘴轻轻一吹气，就会看到无数的泡沫从嘴里飘出来。宇航员们在这里可以像鱼儿在水中觅食一样吃花生米，因为花生米就飘在空气中。他们只要一张嘴，一吸气，这些花生米就会自动“流”到嘴里。在微重力状态中进餐与我们在地球上进餐不一样，一不小心，食物就会飘走，甚至一粒面包屑都可能对人造成威胁。所以，宇航员在太空中食用的食品都是特制的，多半是经脱水处理、密封包装的。

小龙崎又问：“宇航员们在太空中的生活是不是枯燥乏味？”

龙叔叔说：“其实，在太空中生活与地面上生活一样有趣。太空中的宇航员都有自己的娱乐方式，比如读书、弹吉他、写日记等。宇航员每人拥有一个私人舱室，室内有舷窗、转椅和睡袋。紧张工作之余，他们还可以听音乐、唱歌。另外，空间站上的宇航员每两周可以通过视频与家人联系一次，每周传送音频一次。”

“天上人间真是别有一番风味啊！”小龙崎感慨地说，“真希望有一天能到‘天宫’中过几天‘神仙’日子！”

不可不知的事

太空生活能使人身体增高

1980年，宇航员波波夫和柳明创造了在空间站飞行185天的纪录，他们回到地球上以后，每人身高都增加了3厘米。医学家认为，这不是什么特别现象。他们说，每个人经过一夜睡眠在早上醒来时，他的身高都要比晚上增加1厘米。这是因为脊椎软骨和肌肉组织富有弹性，在整个白昼采取站、坐姿势后会被压实，在睡觉时又会重新舒展开来。宇航员在太空中的情况也是这样。在半年失重的条件下，宇航员的软骨和肌肉组织经常处于类似人在睡眠时的状态，因而身高就增加了。

5 宇航员的保命衣服

2008年9月27号，电视里正在播放中国航天员翟志刚走出飞船的情景。小龙崎一边聚精会神地看着，一边问龙叔叔：“翟志刚叔叔的衣服怎么那么特别？”

“那是航天服。”

小龙崎的好奇心和求知欲又上来了，接着问道：“龙叔叔，他为什么要穿航天服呢？”

“宇宙空间的环境与我们地球的环境很不一样，那里没有氧气，缺少大气压力，最低温度与最高温度之间相差好几百度。所以，为了保护宇航员的生命安全，他们在宇宙空间的环境中活动都必须穿上一种特制的航天服。”龙叔叔笑着回答道。

“航天服的用处还真大！可是，航天服到底是什么样子的呢？”小龙崎恨不能拿一件航天服来仔细看看。

航天服的结构很复杂，全套服装包括头盔、服装本体、手套和登月靴，并与供氧通风或水冷调节系统相连接。就服装本体来说，它从里至外可分为六层：

第一层是连身内衣，这是一种用丝绸针织品做的贴身衣，衣裤相连，吸汗透气，柔软舒适。

第二层是水冷服和通风供氧服。航天员在宇宙空间活动，温度很高，而且是在失重状态下活动，付出的体力要比在地球上大得多，自身代谢产生的热量很高。因此，他们必须依靠水冷服冷却降温，并通过通风服，从头到身躯供给干燥氧气，排出水汽、二氧化碳及其他有害气体。冷却箱和氧气瓶及自动调节装置，都携带在背包内。

第三层是隔热层，它是用特别轻、隔热性非常好的纺织材料做成的，白天防高温——隔热，夜晚防寒冷——保暖。

第四层是气密层，这是航天服最关键的一层，是用尼龙胶布制作的，严密不透气，强度大，保障服装加压，通常维持服装内半个大气压或 1/3 个大气压。

第五层是限制层，对气密层起限制作用，防止过度膨胀和破裂。限制层是用非常结实的尼龙斜纹布制作的。

第六层是反射层，这是用薄层尼龙布表面镀铝制成的服装外层，主要作用是防强大的太阳辐射热。

航天服头盔的作用是保护头颅免受碰撞和外来的机械力伤害，所以是硬件，是由特制玻璃钢和有机玻璃制成的，重量轻，强度大。头盔内有通话装置和冷却降温帽（通风帽或水冷帽）。头盔前面的有机玻璃观察窗，是航天员观察外界用的。航天员的头盔观察窗很大，像一个钟罩，占头盔的 2/3 以上，视野宽广，明亮舒适。

手套也是高度灵活的，手指和腕部有特别的关节，在航天员抓拿物体时，可将触觉与感觉传给手指。

登月靴有两层，里面为加压靴，外面是套靴。

“航天服包括这么多部分，那它有多重呀？”小龙崎问道。

“成套的航天服重 100 千克左右，这在地球上的话，会笨重得无法走路。然而，由于在月球上的重力只相当于在地球上的重力的 1/6，所以，实际上在月球上航天服也只有 16 千克左右。”

听完龙叔叔的介绍，小龙崎向往地说：“真希望有一天我也能穿上宇航服！”

不可不知的事

航天服的改进

刚开始使用的航天服和生命保障系统比较简单。它模拟胎儿与母体通过脐带进行联系的方式，用一根大约 18 米长的导管，将航天服和飞船舱内的生命保障系统接通，由管道为航天员提供氧气和维持服装内的气压。这种方法限制了航天员的活动“自由”，使他们不能离开飞船走得太远，还要时常提防导管发生缠绕现象。1961 年 5 月，美国的“阿波罗”登月计划开始实施，目标是实现载人登月飞行，并对月球进行实地考察。显然，初期的航天服是不能胜任这一要求的。为此，美国航空航天局的科学家们又进行了大量的研究，终于发明了更先进的航天服以及与它相配套的生命保障系统。

6 飞船上的应急系统

一天，小龙崎和龙叔叔在家一起看“神舟五号”载人飞船发射的纪录片。看着宇航员杨利伟坐进“神舟五号”载人飞船，“轰”地一下上了天，小龙崎兴奋不已。突然，他像想起了什么似的问道：“龙叔叔，如果载人飞船发射的过程中出了什么问题，怎么办？宇航员们还来得及安全离开飞船，脱离危险吗？”

“这你不用担心，在载人航天飞船上有一个必不可少的重要系统，那就是应急救生系统。”龙叔叔笑着回答道。

“那具体在每个飞行阶段都有些什么样的应急救生手段呢？”小龙崎追问道。

载人航天飞机在上升过程中的危险主要来自运载火箭。运载火箭如果在发射台上起火或爆炸，起飞后火箭会失控而偏离轨道，或在巨大的空气动力载荷作用下产生剧烈的颤振、结构被破坏等，这都可能造成重大事故。在上述事故发生时，航天员必须立即逃离运载火箭。当运载火箭在发射台上起火或出现爆炸危险时，航天员应立即走出飞船座舱，并沿专门的滑绳，迅速离开运载火箭，撤离到安全区域。在火箭起飞后发生危险时，如果火箭飞行高度尚低于20千米，航天员可以启动弹射座椅，立即从飞船座舱中弹出，再打开降落伞返回地面。如果火箭的飞行高度已经超过20千米，航天员就不能使用弹射座椅，而只能启动飞船顶部逃逸用的小火箭，点燃小火箭将整个飞船拉离运载火箭，飞到安全区域后，再打开飞船的降落伞，使飞船软着陆。

在轨道运行期间，由于没有上升过程中的那种强烈振动、噪声和巨大的空气动力的作用，相对来说，危险性较小。在轨道运行期的主要危险是载人航天器本身出现故障，如推进系统泄漏或控制失稳等。另外的危险来自空间碎片和微流星的撞击，它可能会打穿航天器的结构，使航天器漏气，造成航天器压力舱失压。

载人飞船和航天飞机在轨道上的飞行时间不长，通常在轨道上飞行时，没有其他的救生措施，一旦出现故障，就要实施应急返回。

载人空间站长期在轨道上运行，其救生措施有两种：一是在空间站内建立救生隔舱，一旦空间站的主舱被空间碎片或微流星击穿后，航天员可以迅速进入安全隔舱暂时避难，等待营救。二是航天员迅速由空间站转入飞船，然后乘飞船离开空间站，返回地面。

载人飞船在返回地面的过程中，所遇到的飞行力学环境比上升期更为恶劣。其气动热流和气动力载荷远远大于上升期。因此，载人飞船的返回救生亦很重要。俄罗斯“东方号”飞船的航天员在返回过程中，就是使用了弹射座椅，弹出飞船座船后，启动降落伞单独着陆。

美国“双子星座号”飞船的航天员，在返回过程中遇到危险时，也启用了弹射座椅。航天飞机在返回过程中所遇到的飞行力学环境比载人飞船好一些，航天飞机上升和返回过程中都没确专门的救生系统，而是靠增加航天飞机本身的可靠性来保证安全。

“现在我们有了航天飞机，不是可以建立一支专用救护船队吗？那样的话，在轨道上遇难的宇航员就有可能得到适时的救护了。”小龙崎的心思可真不小。

不可不知的事

究竟什么是载人飞船？

简略地说，载人飞船实际就是重量较大并载有人的人造卫星。载人飞船的主要系统有结构、温度控制、能源、姿态控制、遥测、遥控、通信联络、跟踪信标、数据传输和回返、生命保障、应急救生等系统。飞船的轨道多半是在200公里左右的近地圆形或椭圆轨道，轨道选择要注意避开内外辐射带的影响。飞船的结构比卫星复杂，因为飞船要载人飞行且要返回地球，须对抗气动加热造成的烧蚀，船舱要气密，舱内的温度和压力控制要求也高。另外，结构设计还须考虑许多问题，如对微流星和宇宙射线的防护，发射时对振动和冲击加速度的缓冲和重力平衡。结构外蒙皮材料既要刚性强，又要重量轻，还要耐烧蚀，等等。

7 各行其道的卫星

一天，龙叔叔开车带着小龙崎行进在路上，忽然对面一个骑自行车的人逆行冲了过来，龙叔叔急忙踩了刹车。

“这个人不遵守交通规则，真是太不道德了！”小龙崎生气地说。

“是呀，不遵守交通规则就很容易出事故。不仅在地面上的汽车、行人要遵守交通规则，就连天上的卫星也要守交通规则。”

“卫星也要守交通规则？”

“哦，我的意思是说就像太阳系的行星都沿各自不同的轨道绕太阳转一样，遨游太空的卫星要有一定的运行轨道。”

“那卫星的轨道是如何确定的呢？”小龙崎好奇地问。

我们还是先从日常生活中所碰到的现象来认识一下什么是轨道吧。比如，我们朝水平方向扔出一块石头，这块石头总是会沿着一条弯曲的路线落到地面上，这条弯曲的路线就称为“轨道”。而且，扔出去的速度越快，石头走的路线越远，路线弯曲度就越小，走的路线就越平直。

根据计算，如果我们在地面上以每秒 7.9 千米的速度把人造卫星从水平方向抛出去，轨道正好是一个圆圈。通常人们把这个速度叫“环绕速度”，也叫“第一宇宙速度”。如果把人造卫星的速度增加到大于第一宇宙速度，圆周运动就会受到破坏，轨道就会变成椭圆。速度越加快，这个椭圆就拉得越长，当速度增大到每秒 11.2 千米的时候，地球引力就拉不住它了，这一速度称为“脱离速度”，也叫“第二宇宙速度”。这时，它就会像地球、金星、火星一样，成为太阳的一颗行星，环绕太阳转圈。若要使它脱离太阳的引力，还要加快速度，要快到每秒 16.7 千米，这就是人们常讲的“第三宇宙速度”。获得第三宇宙速度的物体，就可以脱离太阳引力的控制，飞到太阳系外的空间去了。

“我们平时还经常听说同步轨道、极地轨道，那又是怎么回事呢？”小龙崎问。

“这些都是卫星轨道的类型。卫星在空间运行的轨道大致分为四种类型：

“顺行轨道。这种发射方向能够利用地球自西向东自转的一部分速度，可以节省运载火箭的能量。世界各国早期发射的卫星大多是采用顺行轨道。

“逆行轨道。它与顺行轨道正好相反，不但不能节省火箭能量，反而要付出额外能量以克服地球自转速度。只有太阳同步轨道卫星必须采用这种轨道，其他卫星一般都不采用这种轨道。

“极地轨道。它的轨道平面通过地球南、北两极，这样卫星就可以飞经地球任何地区的上空。测地卫星和侦察卫星基本上都采用这种轨道。

“同步轨道。它的轨道周期时间正好与地球自转一周的时间相同，并且卫星飞行的方向也和地球自转的方向一致。也就是说，卫星‘固定’在地球赤道上空的某一点上，卫星和地面之间保持相对静止。通信卫星和导航卫星都采用地球同步轨道。因为地球同步轨道只有一条，这条轨道上最多只能放置 120 颗卫星，否则就会发生相邻卫星的无线电波干扰。所以，各国之间出现了关于地球同步轨道的‘位置之争’。”

不可不知的事

什么是太阳同步轨道？

我们的地球是一个在赤道部分微微膨胀的扁球体，就是这个膨胀部分会对卫星会产生额外的引力，从而使卫星运行轨道慢慢转动。如果卫星轨道面的转动方向及周期恰好同地球公转的转动方向及周期相等，就是所谓的“太阳同步轨道”。这种轨道的优点是轨道面和太阳方向所成的夹角大体上是一定的，因此，在太阳同步轨道上运行的卫星，每天会在相同的时间里通过同一纬度。这样的话，卫星就始终在同样的光照条件下观测地面。

8 新颖的航天器——太阳帆

龙叔叔去北京开会，走时答应给小龙崎带回一套有关航天科技的书。小龙崎天天数着日子，盼着龙叔叔快点回来。

这天，小龙崎知道龙叔叔回来了，三步并作两步地跑下楼迎接，叫道："龙叔叔，您给我带的礼物呢？"

晚饭后，小龙崎又缠着龙叔叔问开了："龙叔叔，有本书上介绍过一种不用任何推进剂就能作空间飞行的新型航天器，说是利用太阳光的辐射压力作用在航天器表面来推动前进，叫'太阳帆'。可是，光的力量能有多大？能使航天器飞向宇宙吗？"

20 世纪初，苏联航天先驱齐奥尔科夫斯基曾提出过太阳帆的设想。到 20 世纪 50 年代，美国威利也提出了在航天器上装一个大面积的太阳帆的设想，并且预言不用任何推进剂，太阳帆就可以飞出地球，探测月球，甚至可进行星际旅行。

我们知道，帆船是靠风力推动船只前进的。所以，人们自然会想：在宇宙航行中，能否借什么"东风"推动航天器前进呢？这种"东风"就是太阳光辐射压力。利用太阳光辐射压力作用在帆上推动航天器前进的装置就叫"太阳帆"。

如果我们把光看作一个的光子，运动着的每个光子都有动量，当大量光子垂直撞击在物体上，由物理学中的动量原理，则物体受到光子给的压力。这就好比无数雨滴打在伞上，伞会受到压力一样。太阳帆就是以这种压力为推力的航天器。

太阳帆的结构形式一般可设计成矩形，采用机械式展开方式。它用既坚固又轻巧的碳纤维做桅杆，发射时呈折叠状，到轨道后展开，起支撑作用。除矩形帆外，太阳帆还有螺旋桨帆、自旋盘式帆、扁平充气式帆及降落伞式帆等。

如果太阳帆的面积为2平方米，那么太阳光产生的压力只有0.00001牛。即使太阳帆面积做到像足球场那样大，全部阳光产生的压力也不到0.1牛。美国正在设计中的太阳帆有12个翼片，每个翼片宽8米，长7200米，总面积达69万平方米，但它大约只能产生6.8牛的力。显然，这么小的推力和加速度，在大气层中是无法飞行的，因为它不足以抵消大气阻力。为此，科学家们用火箭或航天飞机先把太阳帆送到大气层外，然后太阳帆就可以靠小推力飞行了。太阳帆到了大气层外就有了用武之地。在小推力作用下，太阳帆不断地获得能量，经过一定时间飞行后，太阳帆就可到达月球，飞向水星、金星、火星……

听到这里，小龙崎问：“太阳帆有什么作用呢？”

龙叔叔接着说：“太阳帆的运动范围很广，近则可穿行在地球的内外辐射带内，稍远可以到月地空间，还可以飞行在茫茫的宇宙空间里。因此，太阳帆可携带各种探测仪器对这些区域进行广泛的科学考察和空间物理探测。”

不可不知的事

失败的“宇宙一号”太阳帆飞船

“宇宙一号”太阳帆飞船由美国行星学会、俄罗斯科学院与莫斯科拉沃奇金太空工业设计所花费数年时间联合研制的，耗资400万美元，2005年6月21日从位于巴伦支海水下的俄罗斯“鲍里索格列布斯克号”核潜艇上，通过“波浪”运载火箭发射升空。科学家们原本计划，该飞船被发射到太空指定位置后能够自动打开一个总面积为600平方米的花瓣形太阳帆，并随后进行旨在验证人类有无可能利用太阳光光压驱动航天器进行星际远航的试验。但不幸的是，“波浪”运载火箭在发射升空仅仅83秒后就与地面指挥中心失去了联系。

9 航天事业的动物功臣

一天，小龙崎看到一个资料上说，很多动物为航天事业作出了很大贡献。小龙崎很纳闷，动物怎么会与航天事业有关系呢？龙叔叔看到小龙崎皱着眉头入迷的样子，就问道：“小龙崎，你在想什么呢？”

“哦，龙叔叔，为什么说动物为航天事业作出了很大的贡献？”

为了揭示太空环境对人类的影响，必须用猴子等生物在太空做实验，主要观察失重、超重和其他各种空间飞行环境对生物的生长、发育、代谢、遗传等方面的影响及防护措施，同时还要发现在地面条件下发现不了的生物学问题，这是研究太空生命科学的一种手段。1957 年 11 月，苏联首先把小狗放在卫星内送上太空。至今，被送入太空做过实验体的生物有猴、黑猩猩、犬、兔、豚鼠、大小白鼠、蛙、蝇、昆虫、病毒、微生物、细胞组织培养液、植物种子等。

科学家们把动物送入太空的原因是动物（如猴子等）可以代替人做实验。人们通过动物的实验可以弄清航天员的内脏器官在飞行初期处于什么状态，他们的前庭器、心血管系统等需要多久才能适应空间环境，探索太空飞行会给航天员的子孙后代带来什么影响等。

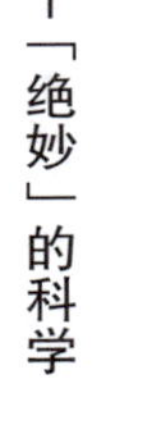

这样的实验由航天员来完成显然是不合适的，有时甚至是不可能的。

太空飞行的初始阶段是整个飞行中最复杂的时刻之一，不仅要求航天员具有高超的技术，而且需要注意力高度集中。用猴子等动物做实验，就不用为操纵飞船而分心，从而避免给实验结果带来不良的影响。另外，用猴子等动物作“模特儿”，实验更简单方便，万一发生危险也没关系。如要研究入轨后和失重环境初期对身体内脏的血液循环有多大影响，就可以在猴子的颈动脉处装上一个传感器进行观察，而如果用人体就不便做这样的实验。至于专家们感兴趣的太空飞行对于孙后代的影响等问题，只有返回地球后经过一段时间才会有答案。

“动物可以用来做哪些实验呢？”小龙崎又问。

龙叔叔说：“用动物进行实验，一般包括重力生理实验、放射生物实验和发育生物实验等。

“重力生理实验主要是研究超重和失重的生物效应，如观察心血系统、骨骼肌肉系统、血液系统、神经系统和感觉系统等在长期失重状态下的反应和变化，其中骨质脱钙、前庭障碍、血液变化等问题尤其受人们的重视。

“放射生物实验主要是研究宇宙辐射对生物的影响，特别是高能重离子对生物的伤害。此外，还研究宇宙射线对昆虫变态发育和繁殖力的影响和对植物的影响等。

“发育生物实验主要研究失重对昆虫，蛙卵，细胞，微生物，植物的生长、发育和代谢的影响。此外，人们还要观察昼夜节律改变引起的生物节律变化等。”

不可不知的事

微重力环境下的动物

微重力环境就是我们常说的失重状态，人类长期生活在地球上，受地球引力的作用，一旦脱离了地球引力就会产生生理、生活上的问题，人类要想长期停留在太空，就必须解决这些问题。所以，人们利用动物做了一些实验。1973年6月28日至9月25日，在美国太空实验室，科学家们对蜘蛛阿拉贝拉和阿妮塔在失重情况下的织网能力进行了测试，结果是蜘蛛在太空中织的网比在地球上织得好。1975年，美苏“阿波罗联盟号”联合对飞行在失重情况下的辨别方位能力进行了研究。1991年6月，2000多只水母随着“哥伦比亚号”航天飞机上飞上了太空，成为一种新的遨游太空的小生命，用以研究微重力对人体平衡机能的影响。

10 人造月亮高高挂

中秋节的晚上，小龙崎与龙叔叔一起在户外赏月。只见一轮明月高高挂在天上，又大又圆，把整个大地都照得亮堂堂的。小龙崎在月光下欢呼雀跃，玩得不亦乐乎。回到家，小龙崎对龙叔叔说：“今天的月亮真亮呀，如果每天都像这样就好了。”

“随着科学的发展，这一天说不定真的会到来呢。”

“龙叔叔，您说人类有没有可能造一个月亮，把黑夜照得像白天一样亮？”

太阳落山以后，黑暗的夜幕逐渐代替了黄昏，漫长的黑夜开始了。多数人随着夜晚的来临停止了工作。为了夜间照明，全世界每天都要消耗大量的资源。然而，这时太阳并没有休息。巨大的太阳无休止地燃烧着，它把自己的光和热毫不吝惜地散发到太空中，地球所得到的能量仅是其总能量的二十亿分之一。就是这样小小的一部分，已经使地球充满生机了。可惜的是，地球上总有一半的人处于黑夜之中。能不能人造一个月亮呢？如果高高地悬起一面足够大的镜子，使它具有相对地球的同步速度，再适当地调整倾斜角度，太阳的光就可以反射到地球上来，这就是一个人造月亮。

这绝不是什么异想天开，世界上的不少国家正在进行这方面的研究工作。1993 年 2 月 4 日，莫斯科时间 3 时 45 分，俄罗斯“进步号”宇宙飞船脱离“和平号”空间站。当“进步号”同“和平号”的距离达到 150 米时，“进步号”飞船头部一个裹着太阳伞的滚筒开始转动。在离心力作用下，太阳伞逐渐展开，仅 3 分钟就完全张开了。一个直径达 22 米的大伞，开始在太空中运行。这时，它距离地面 350 千米。

这把太阳伞的伞面上有一层 5‰毫米厚的光滑铝箔。这铝箔光亮极了，你站在它的前面可以“照镜子”。你现在该明白了：俄罗斯科学家其实是在天上放了一面移动的大镜子。那天夜里，由这个太阳伞反射的太阳光，照射到地面上，扫过了地面 4 千米宽的带状区域，先后照亮了里昂、日内瓦、伯尔尼、慕尼黑以及白俄罗斯的一些地方，前后共持续了 6 分钟时间。最后，太阳伞坠入大气层烧毁。

这把太阳伞是第一轮人造小月亮。它的亮度相当于月亮光亮度的 2 ~ 3 倍。人们正在设想，将来在极地上空放置真正的人造月亮，为极地的居民提供照明。

另外，美国航空和宇航局的米勒等人提出了一个方案：在太空距地面 3.6 万千米的轨道上，安装一个人造月亮。它是一面镜面伸展 1 千米长的巨型反射镜，反射面是由镀铝聚酰亚胺薄膜组成。这个人造月亮不仅可以用于夜间照明，而且还可以发电呢！假如把 12 面这样大的镜子连接起来，它的反光强度可以抵得上 10 个满月的真月亮。如果这种人造月亮与地球同步运行，在它照耀范围下的地球上的人将在自己的上空看到一个永远高悬不动、日以继夜地陪伴着人们的月亮。

“真希望这一天能早日到来，让人类永远告别黑暗！”小龙崎憧憬地说。

不可不知的事

对人造月亮的担忧

人造月亮在天空高高悬照，也引发了反对意见。有的科学家认为，人类简直不可想象失去黑夜的天空是怎样的一种景象。还有的科学家认为，人造月亮会破坏生态，扰乱鸟类、鱼类和兽类睡眠及植物呼吸，它们的行为活动将因为不分昼夜而受到影响。永久性的白昼可能使北极的冰山融化，从而产生无法预卜的后果。也有人认为，人造月亮有可能成为比核武器更可怕的武器。例如，在电离层变薄的时刻，能用人造月亮把大剂量的紫外线反射到某一敌方区域。

11 神妙高超的航天医学

一天，小龙崎从电视里听说了一个新名词“航天医学”，他马上来了兴趣。他立即登录QQ，向在线的龙叔叔发问：“龙叔叔，航天医学是怎样的一门学科？”

龙叔叔让他先上网查阅资料，晚上再交流。吃完晚饭后，小龙崎与龙叔叔一起散步。龙叔叔问道：“知道什么是航天医学了吗？”

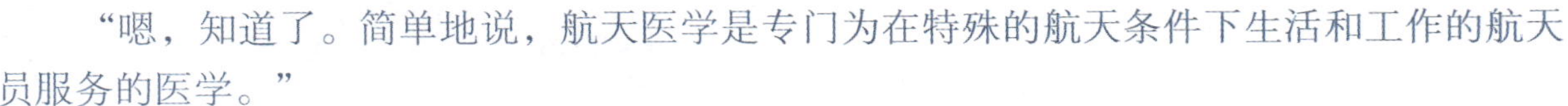

“嗯，知道了。简单地说，航天医学是专门为在特殊的航天条件下生活和工作的航天员服务的医学。”

龙叔叔进一步解释道：“航天医学是一门交叉性的学科，主要任务是研究航天的特殊环境因素对人体的影响规律，并设法来对抗各种不利因素的影响。它涉及医学、医学工程和航天技术，航天医学的发展对于人类征服太空具有重要的意义。”

“那您知道它是如何保障航天员健康的吗？”小龙崎又开始刨根问底了。

在地面上，凡有人居住的地方就需要医院和医生。载人航天是高风险的活动，为了保证航天员的健康，就更需要医学的支持了。为了保证航天员的安全、健康，使他们高效率地工作，航天医学要做几方面工作。

首先，要进行航天员的选拔和训练。从飞行员或其他人群中选拔出心理素质好、身体健康并能耐受航天特殊环境因素的人，然后对预备航天员进行一系列的训练，最终使他们成为合格的航天员。航天医生队伍对航天员进行医学监督，作定期体检、疗养、健康状况鉴定，以防病、治病。

其次，要了解航天中的失重等特殊环境因素对航天员各种生理系统（如神经、心肺、骨骼、肌肉、内分泌和免疫等）的影响。对于那些不利于航天员健康的影响，还要采取适当的方法来预防和校正。这叫作“失重生理效应和对抗措施研究”。

再次，要为航天员提供可口的、适合航天条件下食用的食品和饮料。可别小看吃喝问题：一来，是航天员在太空中的口味有变化，在地面上爱吃的。到天上可能就不爱吃了，因此准备什么食物是要费脑筋的，既要保证营养，又要让航天员爱吃。再者，在失重状态下，食品碎渣会到处飞，甚至会影响飞船中某些设备的工作，因此食品的包装、加工工艺都是要细心琢磨的。另外，供水也是很特殊的，失重后，容器中的水若是不满，气和水就会混起来，水滴到外面便会在空中飘浮。航天员们常常以此取乐。

载人飞船与卫星不一样，它要适合航天员在里面进行生活和工作，因此在设计时要真正地以人为本。因此，航天医学专家还要提出设计要求，并检查、评价研制出的飞船是否符合要求。这些要求分为医学要求和工效学要求，前者是为了保障航天员的健康，后者则是为了保障航天员操作的可靠性和工作效率。

“看来，把人送入太空还真不容易。”听到这里，小龙崎不由自主地笑了。

不可不知的事

航天员回到地球后的监测和保障

美国长期跟踪、监测航天员的健康状况，航天员每年定期体检的数据都被存入计算机数据库，进行纵向比较。同时，普通人的数据也被存入计算机作为对照组，进行横向比较，以观察和评定航天员的健康状况。俄国对航天员也有一套医务监督和医务保障手段，实施有效的对抗措施。例如，每天锻炼 2 ~ 4 小时、每天穿 8 小时企鹅服、加强营养等，以此来确保航天员的健康。

二、令人惊叹的信息科技

1 方便的电子邮件

姑姑去外国留学已经三年了，小龙崎很想念她，可是打电话又很贵，而且有些话直接说也不好意思。龙叔叔建议小龙崎给姑姑写封信。小龙崎觉得这是个好主意，他立即买来了信纸、信封，趴在桌子上写了起来。

龙叔叔走过来，说：“小龙崎，你可真是难得。因为现在人们已经很少写纸质的书信，随着网络的普及，人们一般用电子邮件来互相联系。”

“电子邮件是怎么产生的呢？又是谁开始最早应用的？”小龙崎马上问道。

美国衣阿华大学教师西尔女士两岁多的孩子突然在半夜病了，西尔一时之间急得不知所措，但她很快又镇静下来了。她坐在电脑屏幕前，给家庭医生乔治发了一个电子邮件，详细地叙述了孩子的病情。乔治打开电脑，显示屏上便显示出西尔的留言。他很快便给西尔回了一个电子邮件，里面是对小患者病情的诊断意见及治疗方案。整个诊断过程，医生和患者虽然没有面对面的接触，但通过电子邮件这种通信手段，就很方便地完成了诊断。

在一些经济发达国家，电话、传真的使用都已十分普遍。但近几年来，又有一种新的通信方式开始兴起，这就是电子邮件，它的英文缩写为 E-mail。利用这种方式传递信息，不仅快捷、便利，而且费用低廉。因此，电子邮件备受青睐，不少人在名片上也印上了电子信箱的号码。

电子信箱是通过计算机网络传递电子邮件的一种信息服务。电子邮件系统的功能与传统的邮递系统相仿，不过，它所传送的信息是通过计算机网络来存储、交换、转发的，不用邮递员挨家挨户去投送。

利用电子邮件系统，发信人可以把储存在计算机内的数据、图形或集合声音、画面于一体的多媒体信息，以电子邮件的形式，迅速传送给收信人。为此，发信人需要申请一个或几个电子信箱，然后就可以在任何一台计算机上同时向一个或若干个收信人发送电子函件了。收信人则可以在自己方便的时间，在此系统的任何一台计算机上，随时“打开”自己的“信箱”，查看其中是否有“邮件”。然后，他可以读摘要，了解“函件”是谁、在什么时候发来的，如果需要，则可读取全文信息。而且，在收“信”的同时，还可以将此份电子邮件存储或转发给其他用户。不受时间与地址的限制，是电子邮件的一个突出优点。一个人的通信地址经常由于各种原因变更，但这种变更却不会影响电子邮件的接收与发送。因为在任何时候，在任何联网的计算机上，用户都可以打开自己的电子信箱，接收或发送电子邮件。

“利用电子邮件系统，身在异地的人员不用见面就可以对方案、图纸、合同等交换意见，真是太方便了！”小龙崎说。

不可不知的事

历史上的第一封电子邮件

1969年，美国国防部出于全球战略的需要，想建立一个以电子计算机为核心的信息网络系统，把美国重要军事基地与研究单位用通信线路连接起来，实现数字信息通信。当时，美国聘请了许多电子计算机精英，其中包括年轻的工程师雷·汤姆林森。汤姆林森在接受该项目任务后，将已建成的网络扩展至15个网点，与23台计算机终端相连。他编制的信息处理系统程序和文件传输程序在网络建设中发挥了重要作用。在一台计算机上，他利用信息处理程序和文件传输程序合为一体的网络，用@作为区分用户与计算机在网络中的位置的符号，向身旁的另一台计算机发出了随机敲出的一串字母。结果，身旁的这台计算机成功地收到了这封“信件”。这样，汤母林森成功发出并接收了人类历史上第一封电子邮件。

2 遥控器中的秘密

“今天的电视真没劲！”小龙崎一边按着手里的遥控器按钮，一边说。于是，他央求龙叔叔给他讲点有趣的科学知识。龙叔叔转过头来说：“那你不妨先说说，这遥控器有什么好处？”

小龙崎不假思索地说：“遥控器嘛，使用起来方便快捷，坐着不用动，就能任意转换电视频道。”

龙叔叔接着问：“不过，为什么你用遥控器就能换台呢？电视机怎么知道你要换什么台呢？”

小龙崎拿着遥控器，翻来覆去地琢磨，心想：“是不是这个‘红灯泡’有什么玄机呢？”

龙叔叔见状，说道：“电视机上有个红外线接收器，你手中的遥控器可以发出红外线。所以一发一收，就像发电报一样，而每个遥控器的按钮都有自己独一无二的密码，电视机就知道你要干什么了。”

“哦，原来是这样！”小龙崎有点明白了。但他马上又皱着眉头问：“龙叔叔，遥控器是怎么发明的呢？”

20世纪50年代，美国有一家电子公司的老板特别喜欢看电视。不过，他对那些无穷无尽的广告深恶痛绝。只要电视上一出现广告，他就会立即跑到电视机前调换频道。但一个晚上就这样跑来跑去，哪还有时间和心情来观看电视节目？他想改变这种状况，于是就请公司里的技术人员研制一种可以对电视机进行远距离操纵的遥控装置。

过了不久，以阿尔德勒博士为首的技术人员就研制出了一种遥控装置，深受众多“懒骨头”的喜欢。但这种遥控器与电视机之间得靠一根电线连接，遥控线拖在地上，非常碍事，还可能会把人绊倒。后来，阿尔德勒博士又进行了光遥控、无线电遥控、声音遥控等的研制，但都失败了。1956年，他研制出了“超声波遥控器”，受到用户的广泛好评，从此遥控器渐渐走进了千家万户。

不过，阿尔德勒博士研制出的几种遥控器都有一定的缺点，此后，人们又对遥控器进行了改进。20世纪80年代初，红外线遥控器开始出现。红外线由英国科学家约翰·赫舍尔在1800年发现，它不易发生衍射，穿透性比较好，而且制造起来比较方便。而地球上的物体夜晚也会发出红外线，所以利用红外线还可以制成夜视仪。红外线遥控器通过红外线LED可以发出红外线，然后再在红外线接收机，通过光敏晶体管等元件进行信号的转换和放大，便可以达到遥控的目的了。最早出现的电视红外线遥控器面板比较简单，只有三个键——开关键、上一个频道、下一个频道，后来又逐渐发展出了能够对电视音量、明暗、色彩、对比度进行调节的遥控功能。

红外遥控器不再拖着碍事的遥控线，也不再受到外界的干扰。虽然遥控范围不大，但

它非常适合家庭使用。只要按下遥控器按钮，遥控器就会射出一道不可见的红外线光束，指示电视机进行运作。后来，不仅电视机，就连电扇、组合音响、空调等家用电器也可以通过遥控器操纵了。

小龙崎赞同地应道：“我家现在都已经用万能遥控器了！”

不可不知的事

万能遥控器的发明

红外线遥控器出现后，人们家庭中各种家用电器遥控器的数量也日渐增多。许多人在现实生活中都遇到过需要使用家电时却找不到遥控器的情况。于是，数量众多的各式遥控器反而给人们的生活造成了困扰。1985年，荷兰飞利浦公司的电子工程师罗宾·瑞姆佰尔特、威廉·麦金泰尔、拉克·古德森等人发明了“通用遥控器”，俗称“万能遥控器”。是一个复杂的控制系统，后来获得了多项技术专利。它的问世，使人们在遥控家电产品时更加便捷。与传统的电视遥控器相比，它的最大特点和优点是改变了过去一只遥控器只能遥控一种电视机，且不能同时操纵录像机的模式的情况，实现了对任何型号电视机和录像机都能操纵和通用，因而大受用户的欢迎。实现这种通用性的关键，是对遥控器内部发射器的控制电路作了改进，并在遥控器的正面增加了三个用于切换遥控对象的按钮。

3 能认路的巡航导弹

小龙崎参加了一个军事夏令营，里面有射击瞄准训练。进行射击训练时，小龙崎要单臂举着手枪坚持几个小时。训练了一天下来，他累得手臂酸麻。回到家，躺在床上，小龙崎对龙叔叔说：“练习射击真是太辛苦了！如果子弹上长了眼睛，让它打哪，它就能打到哪就好了。”

龙叔叔一边拍打着小龙崎的手臂，一边说：“这也不是不可能，现在，科学家们已经在巡航导弹上安装了‘眼睛’，使巡航导弹能在飞行途中迂回起伏，翻山越岭，准确地飞向 2000 多千米外的预定目标。”

小龙崎疑惑地问：“为什么巡航导弹能‘认路’呢？”

巡航导弹是现代兵器的明星，曾在几次局部战争中大出风头。它确实非常厉害：第一，它飞得很低，雷达很难发现它。第二，它的“肚子”里装有数字地图，导弹按照地图寻找目标。第三，它的弹头里存着一张目标的照片，到达目标后，它会再照一张，两张照片一对照，如果没有差错，它会立即攻击。现在，巡航导弹装了卫星定位接收机，利用卫星导航攻击目标，准确性就更高了。因此，这种导弹打得远，打得准，打得狠。

导弹用的地图和我们平常用的地图不同，是电子地图，利用这个电子地图就可以进行地形匹配制导了。地形匹配制导是利用地形信息进行的精确定位制导技术。发射前，首先确定巡航导弹的飞行路线，然后沿选定航线确定几个地形高度匹配区，并将其划分为若干小方块，在每个小方块内记下该地区的平均高度，由此形成一张用数字表示的基准地形图，然后将其预先存入导弹的存储器中。当巡航导弹飞临匹配区上空时，它头部的气压高度表和雷达高度表分别连续测出导弹到海平面的高度和导弹到地平面的高度，二者之差就是该地区的实际地形高度，由此即可得出一条呈带状的实时地形图。将实时地形图与基准地形图进行比较：若一致则匹配，说明导弹正按照预定的弹道飞行；若不一致则不匹配，弹载计算机便会自动计算出实际航迹与预定航迹之间的偏差，以便及时发出指令，调整导弹的飞行姿态。这样循环往复，就能使导弹像长了眼睛似的迂回起伏，翻山越岭，自动寻找目标。

“看来巡航导弹发射前要做好两种准备，一是要有攻击目标的路线图，二是要有目标的照片。”小龙崎总结道。

“是的，路线图可以用卫星测绘，目标照片就只有派间谍去偷拍了。”龙叔叔说。

不可不知的事

响尾蛇与导弹

有一种能自动跟踪飞机的导弹，叫“响尾蛇导弹”，为什么起这样的名字呢？原来，这种导弹的工作原理是从响尾蛇那儿学来的。

响尾蛇的眼睛和鼻孔之间，有三个叫颊窝的器官，非常非常薄，对红外线很敏感。任何温度高于绝对零度（-273℃）的物体，因为它内部分子的热运动，都会产生红外辐射，物体的温度越高，辐射的红外线越强。而小动物都有一定的体温，当然无时无刻不在向外辐射红外线。这种向外辐射的红外线一旦被响尾蛇的颊窝感知，响尾蛇就会一跃而起，小动物就成了响尾蛇口中的美餐。根据响尾蛇颊窝的这个特点，人们制成了“响尾蛇导弹”。在空战中，由于敌人的喷气式飞机不断喷出灼热的气流，辐射红外线，响尾蛇导弹就能循着红外线辐射源的方向，自动跟踪飞机。飞机变换方向，它也变换方向，直到追上飞机，把飞机击毁。

4　改变我们生活的手机

龙叔叔休假了，他答应带小龙崎一起去爬山。小龙崎非常高兴，第二天一大早就起来了，准备好了水和食物，就等着去爬山了。不想，他们正准备出发时，龙叔叔的手机响了，原来单位有急事要他去一下。

“小龙崎，看来我们今天的游玩计划要泡汤了。”龙叔叔无可奈何地说。

“这个手机真是太讨厌了！走到哪里它都能找到你，让人无处藏身。可是，它是如何接打电话的呢？”小龙崎虽然有些懊恼，但仍喜欢追根到底。

“别恼了，作为补偿，我从单位回来，就讲给你听，好不好？”龙叔叔安慰道。

手机的发明者马丁·库帕是美国摩托罗拉公司的工程技术人员。1973 年 4 月的一天，他站在纽约街头，掏出一个约有两块砖头大的无线电话——这是世界上第一个移动电话，打给贝尔实验室工作的一位对手。对方当时也在研制移动电话，但尚未成功。库帕后来回忆道：“我打电话对他说，乔，我现在正在用一部便携式‘蜂窝’电话跟你通话。我听到听筒那头的人‘咬牙切齿’——虽然他已经保持了相当的礼貌。”

1977 年，美国试验“蜂窝”无线移动电话系统获得成功，很快在全世界获得了大发展和非常广泛的应用。蜂窝移动通信系统是把一个区域分成若干小区，每个小区是一个规则的六角形区域，系统的网络由边长相等的正六边形小区组成，小区边长几千米甚至几十千米，整个区域呈蜂窝状。每个小区内都设有一个无线基地台，基地台都由专用的有线线路与移动电话局连接起来。移动电话局再通过有线线路与市内电话局及长途电话局连接起来。蜂窝移动电话系统中的电话用户不仅能相互通话，而且能自动地接入各地区的公共电话交换网，与固定电话、移动电话用户通话，这样就保证了移动电话手机与国内、国外任何一台电话通话了。

小龙崎听完龙叔叔的这样一番分析，说道：“手机真让我们无处藏身！现在的手机有哪些神奇的功能呢？”

龙叔叔说：“现在，手机越来越小，越来越好用。有的手机能通话、呼叫，查询电话和电子信箱的号码和地址，传递数据，与因特网互联，从上面获得各种信息，预定机票客房，查阅资料，发送电子函件，上网浏览等。用手机可以进行日常事务安排，作为预约议程的备忘录，作为笔记记录各种通信录，并且还能与办公室自动化系统联网，进行发送文件、传真和文件备份和拷贝等。

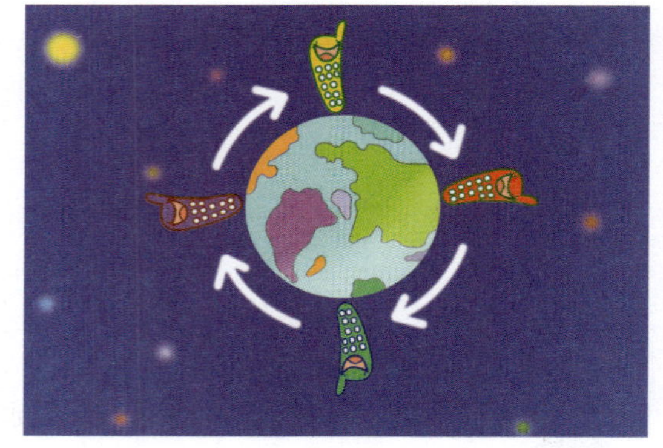

“此外，小巧玲珑、性能齐全、操作容易、携带方便的电脑手机，可以为我们提供一切文件资料、一切必要的信息，可以进行资料的编写、处理、存储和发送。用电脑手机可收看全世界的电视节目，阅读世界各地的电子报刊、图书。还可以用它与银行进行各种钱款交易，身上不带钱也可办事。它还可以把我们的身体状况传送给医院、急救中心，医生可以据此对我们的病情及时给予诊断，以便得到及时有效的医疗和照顾。”

不可不知的事

使用手机的注意事项

手机是一部小型无线电台，它发射的无线电波以电磁场的方式向远方传播，无孔不入。一切电子设备只要屏蔽性差些，就会被这些电磁波侵入。当电磁波达到一定强度时，会导致电子设备工作不正常，从而出现大事故或危及人身安全。例如，在飞行中的飞机上使用手机，会干扰飞机上的通信系统、雷达系统、导航系统、仪表指示系统，使飞机上仪表的指示不正常。医疗器械只要是电子式的，也会因感应电磁波而发生危险。例如，心脏起搏器会感应电磁波而工作不正常，使心脏病人起搏失常，甚至死亡。在拆除旧楼的建筑工地、开山取石工地或修路工地、矿山剥离工地，人们往往在埋好炸药后，用无线电遥控起爆。这时如果使用手机，无线电波干扰可能会触发起爆命令，这将造成极大危害。

5 似真似幻的虚拟现实

星期天，龙叔叔带小龙崎去参观计算机新技术展览。一进展览大厅，小龙崎就特别激动，因为有太多新奇的东西令他着迷。最令他兴奋的是，计算机新技术竟然给了他一种神奇的“力量”，让他可以体验到海底世界的斑斓和奇妙。小龙崎看到了水底的古城、沉船、岩洞、珊瑚礁，看到了五颜六色、相互追逐的鱼群、慵懒的海马、水母……他还可以用手尝试着去抓游动的热带鱼，从远处高速冲来的大白鲨会吓得他掉头逃跑。

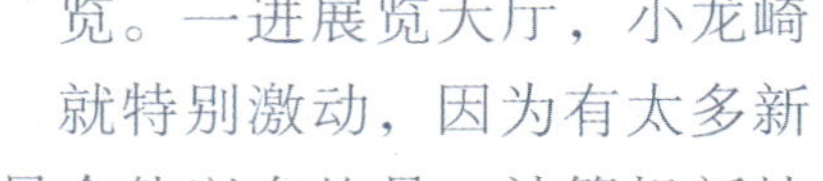

小龙崎愣在那儿，好一会儿才回过神来。他好奇地问龙叔叔：“龙叔叔，为什么一戴上这设备，就能游览海底世界呢？”

你刚才看到的一切并非是真实的，只是虚拟现实技术所创造的神奇世界。虚拟现实也称“幻真”，港台地区译“灵境”，是当今信息技术中一个令人激动的研究课题。

典型的虚拟现实技术最重要的工具是一个头盔，上面有两个护目镜般的显示器，每只眼睛对应一个显示器，每个显示器都显现稍微不同的透视影像。由于人的左右两眼有视差，显示器所显现的两个影像叠加在一起，就呈现出一种逼真的立体效果，这与我们在电影院里看到的立体电影的原理相同。

这种头盔式的三维显示器，呈现的效果与身临其境时的情境完全一样。例如，显示器显现出一个房间的影像，当人走动时，荧光屏就修改影像，给人正在房间里走动的幻觉；当人转动头时，显示屏显示房间的不同部分；人不仅可以伸手触摸房间里的物体，而且还可以移动它。

虚拟现实可以在许多领域里发挥意想不到的作用。例如，飞行模拟可以用来训练战斗机或大型客机的飞行员。飞行员可以不必像过去那样冒险去实际驾驶飞机训练，而只需坐在飞行模拟器里，头盔上的显示器就会显现出蓝天白云的景象，甚至可以模拟空战的场面。这样学习驾驶技术，要比他们在真正的飞机上学到的还要快、还要多。在模拟器里，飞行员会遇到现实世界里可能不会出现的所有罕见情况，通过这种模拟器训练的飞行员，一旦驾驶真正的飞机将丝毫也不会感到困难。

虚拟现实技术还可以用于汽车驾驶学校的驾驶训练。那些初学者不必提心吊胆地在复杂的公路上练习车技，坐在驾驶模拟器里，各种各样突如其来的紧急情况将使学车者的驾驶技术和经验很快得到提高，但又不必冒任何不必要的风险——可能已经无数次“经历”了最危险的“事故”，却可以毫发无损。

另外，宇航员、核电站工作人员都可在“虚拟现实”中培训。在医学院和医院中，学生做尸体解剖，医生做手术前演练，也可用虚拟现实技术。虚拟现实技术还用来向游客介绍旅游胜地的美景和奇观。美国、日本和欧洲一些国家都在加紧研究和开发虚拟现实技术，并已在军事和航天领域投入使用。

听到这里，小龙崎高兴地说：“这么说，在不远的将来，虚拟现实技术不仅可以在科研、商业等领域广泛使用，而且还会进入家庭，成为我们学习和娱乐的一种新手段呢！”

不可不知的事

计算机和美工人员是如何构造图片的

美工人员创造动画图片是将一张张图片按照图片分解原理细分成许许多多具有一定连贯性的图像。由于视觉暂留现象，人眼看到连续播放的这些图片时，就产生了动画效果。计算机参与动画设计，可以大大减轻美工人员的工作量，因为图像的处理可以归结到图像的平移、旋转、消影等基本操作，而许多曲线的生成都相应有许多快捷的数学算法，这些都是计算机可以做到的。这样，计算机就能模拟美工人员，创造出各种活动图像，如软件市场上的各种CAD软件和3D-STUDIO软件都是绘图软件工具。

6 探测未来天气的雷达

夏天到了，天气连续数日都分外炎热，小龙崎盼着下场大雨。

“好消息！”小龙崎正在看电视上的气象预报节目，屏幕上出现了一大团旋转着的白色云团，云团的中心是一个空洞。他突然跳了起来，“要下雨了，快看，快看。”小龙崎拼命地在阳台上喊。

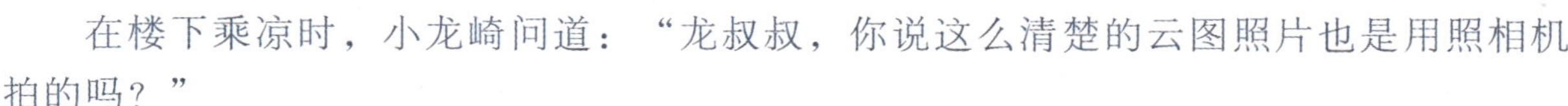

在楼下乘凉时，小龙崎问道：“龙叔叔，你说这么清楚的云图照片也是用照相机拍的吗？”

“不是的，这是雷达云图。”龙叔叔答道。

“雷达怎么会拍出这么清楚的照片？”小龙崎又问道。

提起雷达，人们常常以为它只是用来探测飞机等军事目标的。的确，雷达起初是用于军事的。在第二次世界大战前期，人们在用雷达探测舰船、飞机等军事目标时，发现雨、云、雪等降水粒子产生的回波妨碍了对真正目标物的探测，这被看作是一种干扰。但是不久，气象科学工作者发现这种“干扰”能够较好地反映云和雨雪区的结构及其变化，于是就开始利用雷达探测结果来说明天气现象的变化。

雷达是怎样探测未来天气的呢？原来，雷达通过天线发射一些波长很短的无线电波，这种电波在远处遇到云、雨等时，就会被反射回来，显示在雷达的荧光屏上。这样，我们就能从荧光屏上看到云、雨等天气现象的整个面貌和内部结构，包括云层的面积、高度、强度等。如果在荧光屏上看到一块块边缘不规则的亮斑或亮条，这就是云雨的图像了。如果图像的面积越大、越亮，表示远处的雨下得越大，强度越强。通过荧光屏上的线条，还能测出雨区与雷达观测点间的距离，连续不断地进行观察，就能计算出雨区的移动方向和速度，准确地作出降水预报。

我们不仅可以用雷达及时发现台风、雷暴、冰雹、暴雨、龙卷风等灾害性天气的强度、位置及其移动变化情况，从而最大限度地减轻自然灾害袭击造成的损失，而且还可以在大旱之年帮助人们选择人工降雨的作业云层，确定作业的时间和部位。

小龙崎说："龙叔叔，现在有个新名词，叫'激光雷达'。它应该是用激光束代替无线电波做成雷达的吧？"

龙叔叔点点头，说："1962 年，人类第一次用从地球发射的光束照亮了月球表面。这个光束就是激光。人类发明了激光后，很快将它用到了气象上来，激光雷达成了收集天气信息的又一得力帮手。用激光雷达测云高可以说是雷达测距技术在气象上的典型应用。激光雷达对准云底发射一脉冲光束，当该光束到达云底时，云滴会对激光产生后向散射光，激光雷达接收到来自云底的散射光的回波，测量光脉冲来回的时间，就能得出云底的高度。如果激光光束遇到第二或第三层云时，仍会发生后向散射现象，通过测量其回波信号，可以推算出云的厚度和层次。当然，如果对同一块云层作连续观测，通过比较观测结果，就可以确定该云层是处在发展过程中，还是处在消散过程中，从而可以对未来天气状况作出预报。"

不可不知的事

激光雷达的盲区

我们首先要弄明白雷达的盲区是怎么来的。雷达探测到的信号是从被测物体表面反射回来的。如果被测物体（假设是飞机）贴着地面或海面飞行，雷达反射波除了直接反射回来的以外，还可通过地面或水面反射，这样，雷达接收器接收到的是这两部分波干涉的叠加。干涉的结果可以使接收的信号为零。假设传统雷达的工作波长是1米，那么如果飞机距离雷达20千米，它的飞行高度低于100米，雷达就接收不到信号。但由于激光波长要小得多，只有约1微米，所以在同样距离下，飞机的飞行高度必须低于1米，才能躲避雷达，这实际上是做不到的。所以我们说，激光的盲区可以认为是不存在的。

7 一卡在手，走遍天下

星期天下午，龙叔叔带着小龙崎去超市买东西，还给小龙崎买了一个奥特曼玩偶。付款时，龙叔叔才发现自己身上没带钱。于是，龙叔叔拿出一张卡递给服务员。只见服务员将卡片插入一台机器中，按了几个键，就还给了龙叔叔，并把奥特曼玩偶包装得漂漂亮亮的，递给了小龙崎。

小龙崎迟疑地接过奥特曼玩偶，怯怯地问："我可以拿走吗？"

"当然可以！"龙叔叔回答道。

"可我们还没有付钱呢？"小龙崎提醒说。

"我刚才不是用那张卡付过钱了吗？"龙叔叔解释说。

"用卡怎么能付钱呢？"小龙崎迷惑不解。

在一些大的商场或超市买东西，都可以进行刷卡消费，也就是将自己的银行卡交给收银员，在刷卡机上刷一下，就可以代替用现金结账。银行卡是各商业银行发行的具有提款、消费和转账等功能的塑料卡片，有借记卡（储蓄用卡）和贷记卡（信用卡）两种。商场或超市的收款电脑都与各大银行联网，当银行卡在刷卡机上刷过后，收银员就可以通过电脑操作进行转账，将消费者消费的金额从其卡中划出。刷卡消费减少了大量现金的流通，既方便，也很安全。

银行卡品种越来越丰富多样，用卡领域也不断扩大。根据市场需求、计算机和通信网络的发展水平，我国各家银行每年都会推出一些新的银行卡品种，并不断改善服务网络建设，以满足不同持卡人对金融服务的需求。现在，银行卡已经渗透到我们生活的每个角落。

持卡消费主要是在百货商场、宾馆、饭店内的购物和享受服务以及出差旅行等活动中。怀揣银行卡，宴请朋友时，我们可以不必再劳心费神地去点钞付款。外出旅游，忘情于山水之间时，我们不会再担心鼓鼓囊囊的钱包会遗失在山涧或被小偷偷走，一张薄薄的银行卡已经承载起全家人休闲娱乐的经济保障之责。拥有了各种银行卡，我们不再需要每月都去电信部门交电话费，不再需要携现金去加油、换煤气，去超市购物亦是如此。相当一部分日常生活中原本必须支付现金的活动，银行卡都可以代劳。

听到这里，小龙崎说：“这真是太方便了！‘两袖清风’‘一卡走天涯’就是持卡人的潇洒写照啊！”

不可不知的事

电子货币的出现

斯温登是伦敦以西120千米处一个仅有18万居民的小城。即使这里是欧洲第一家半导体工厂的诞生地，但这里也并没有引起世人太多的关注。这里的居民一直过着平静的生活，直到1996年7月。在这个闷热的夏天，斯温登小城发生了一件“货币和电信发展史上具有革命意义的事件”——电子货币MONDEX成为这个城市正式的货币，硬币和纸币被取代。这个消息立即传遍了全世界，斯温登一时成了世人关注的焦点。从7月开始，斯温登小城从超级市场到大街小巷的杂货铺，从地铁、汽车站到停车场，从报亭到银行……人们只要把小小塑料卡片插入电子收款机，既不需要在收据单上签字，也不需要等待用电脑或电话来核准，就可以把存在卡里的“钱”从一个账户转到另一个账户。斯温登的各个商店和服务性公司都安装了这种电子收款机。今天，MONDEX已经站稳脚跟。它的足迹已遍及欧美、澳洲以及亚洲的上海、香港和新加坡等地，并正在以当地银行为据点，步步为营地开辟自己的根据地。

8 奇妙的多媒体世界

周二下午是语文课，语文老师提前一天就告诉大家："同学们，明天的语文课我们去多媒体教室上。"

"多媒体到底是什么意思啊？""谁知道呢。"……同学们七嘴八舌地开始议论，可谁也说不清"多媒体"到底是个什么。小龙崎本来想给大家解释一下，可说来说去也没说清楚，他觉得怪没面子。

放学后回到家里，小龙崎一放下书包，就缠上了龙叔叔。他央求道："龙叔叔，您给我讲讲多媒体好吗？"

用来传达信息的媒介物就叫作"媒体"。例如，报纸、杂志、书、电影片段、投影仪、录像机等都属于媒体。多媒体就是将多种媒体结合起来，传达同一主题的方式。如童话故事书配合录像带，又如语文老师在讲《趵突泉》这篇文章时，结合使用录像机给大家播放关于趵突泉风景片的方式，使大家能更好地理解课文。还有当我们买家用电器时，有的厂家除了会送给我们使用手册外，还加送一张介绍厂家情况和操作说明的 VCD 光盘，这种手册与 VCD 光盘相互结合的方式，也是多媒体。多媒体借助多种媒介物，使得要传达的主题更加生动、活泼，加深了我们的印象。所以，多媒体被广泛运用在各行各业。

能处理声音、图像的电脑，就叫"多媒体电脑"。多媒体电脑是指具有综合处理文字、图像、图形、音频、视频等媒体信息能力的电脑，是用普通的计算机扩展而成的。除普通计算机具有的功能外，它还具有处理声音、电影、电视的功能。普通电脑配置声卡、光驱和音箱（耳机），就构成了一台普通的多媒体电脑。现在，我们所用的电脑都具有一定的多媒体功能。

多媒体电脑除了原有的个人计算机外，还必须增加一些硬件设备。例如，光驱是读取多媒体光盘资料的输入设备，是多媒体电脑的重要部件。它就像我们背的书包一样，可以将光盘上的声音文件、图形文件、动画文件、视频文件等资料存入电脑中。声卡是声音的处理设备，是多媒体电脑的必备部件。音箱或耳机是声音的输出设备。声卡处理好的声音，可通过音箱或耳机播放美妙的音乐。麦克风是声音的输入设备之一，从麦克风输入的声音经过声卡处理后，才被输入电脑。数码相机正越来越受到大家的肯定，它所拍的相片可以用计算机直接处理。摄影头也是受到大家欢迎的多媒体组件之一，它所摄录的影像也可以用计算机直接处理。扫描仪和彩色喷墨打印机则是一对好伙伴。你可以将喜爱的照片、图片用扫描仪扫进计算机中，处理完毕后，再通过打印机打印出来。

“这一切真是太奇妙了，没想到多媒体有这么大的作用！”小龙崎说。

“是啊，人们都认为多媒体技术是未来信息技术大战的制高点。哪个国家在这方面先取得成功，哪个国家就占领了这个制高点。”龙叔叔同意道。

不可不知的事

什么是交互式电视？

交互式电视是将电视节目贮存在多媒体服务器内，服务器随时根据用户的需求，通过传输网络将节目信号传送到用户家中，然后由数字解码器将信号解码、输出至电视机，用户就可从电视机上欣赏自己想看的节目了。交互式电视机可让电视收视者拥有更大控制权，自由决定在何时、观赏何种节目。此技术还可以提供家庭购物、随意视讯、远端医疗、远端教育、电视游戏等服务。

9 电脑技术创造的奇迹

今年暑假，小龙崎看了一部经典的科幻电影——《侏罗纪公园》，里面各种栩栩如生的恐龙让小龙崎大呼过瘾。看完电影，小龙崎问："龙叔叔，我知道恐龙早就灭绝了，电影里的恐龙又是怎么拍出来的呢？"

"那都是通过电脑图像处理技术制作的啊！另外，还有许多科幻电影的场景都是这么做出来的。"

小龙崎又问："电脑图像处理技术有这样大的能耐？"

电脑图像处理技术可以将一切图像转变成电脑数字信号，针对这些数字信号就可以游刃有余地进行加工，还原成图像，从而制作出电脑特技镜头。在《侏罗纪公园》中，有一个一大群史前动物恐龙张牙舞爪的场面。最初，导演使用了传统的动画技术，但恐龙造型死板，动作机械，一看即知是动画镜头。最后，导演转而运用电脑技术，果然不负众望，惟妙惟肖，在很多国家掀起了"恐龙热"。

美国惊险片《勇敢人的游戏》也是运用电脑动画制作的得意之作。两头凶猛无比的犀牛狂奔进图书馆，肆无忌惮的大象把小汽车踩得粉碎，猴子抢来警察的巡逻车横冲直撞……

整个城市乱成一锅粥，这些具有强烈视觉冲击力的画面，都是电脑高科技的成绩。

电脑特技除了制作动物形象外，还制作出许多卡通形象，与真人形象联合演出。美国有一部电影叫《鬼马小精灵》，其中的“小精灵”形象就是由三维立体动画制作而成。而《玩具总动员》则是全部用电脑技术制作而成的一部影片，每一个角色都像真人一样，具有深度和厚度。这与以往的平面二维动画片是不同的。全片 76 个演出角色、366 个物件，一共由 1561 个全电脑制作的镜头组成。为此，制片方动用了价值数百万美元的 110 台电脑以及其他工作站，耗时 4 年，共使用 80 万台电脑工时才完成全部画面制作。

电脑还能创造出类似的人物。拍大场景动用成千上万的群众演员是很让制片人头疼的一件事，不过电脑特技能令这一问题迎刃而解。在拍摄《阿甘正传》一片中的反越战大规模示威场面时，导演只用了 1000 多名群众演员，然后用电脑特技复制出了 5 万多人的示威场面，每个演员的形象在其中重复了几十次，但每一次都被电脑特技换了衣服和标语牌，观众根本难以辨别。电影快结束时，有一组黑白镜头是表现身处不同时代的美国前总统肯尼迪、尼克松与阿甘在一起的，能让他们同台“演出”，也要归功于电脑特技。

听到这里，小龙崎慨叹地说：“高科技的应用使银幕变得更加精彩丰富，更加惊心动魄了。”

龙叔叔接着说：“我们看到的许多好莱坞灾难片，如《龙卷风》《山崩地裂》《地动山摇》等，里面有许多表现狂风、地震、火山爆发等自然灾难的场景，这其中许多惊心动魄的镜头都得力于电脑制作。在《真实的谎言》中，一个火箭头喷着火焰，高速冲击，从大楼的中间横穿而过，最后击中一架直升机，轰然炸成碎片。在《面具》中，主人公的眼球夺眶而出，舌头伸出几米长，把成捆的雷管吞下去……这些精彩的镜头加上立体声音响，把大量观众重新请进了影院。在某种程度上，正是电脑技术挽救了电影衰落的颓势。电脑的应用还大大节省了电影的制作成本，并省去了特技演员的冒险。”

不可不知的事

让死者“还魂”的演出

功夫巨星李小龙之子李国豪在拍摄恐怖片《乌鸦》时因道具手枪走火而身亡，令全球震惊和扼腕。更令导演烦恼的是，此时电影刚拍了一半。如何是好？李小龙痛不欲生的母亲也要求导演一定要完成这部儿子为之付出生命的片子。于是，制片方请来了硅图像公司。经过图像电脑专家的精心制作，居然使死去的李国豪在银幕上又“还魂”了。所缺少的镜头经电脑拼补后显得天衣无缝，令无数观众为之倾倒。

10 现实中的电子“紧箍儿”

暑假里，小龙崎最喜欢做的事就是守在电视机前看《西游记》。这天，龙叔叔问他：“小龙崎，提起孙悟空，除了金箍棒外，就是紧箍儿了。金箍棒助他大显神威，紧箍儿却让他受尽约束。你说说，紧箍儿是怎么戴在孙悟空头上的？”

小龙崎说：“唐僧在两界山下救下孙悟空，悟空打死六名强盗，嫌师父唠叨而私自开了小差，离开取经队伍，结果弄得唐僧再次成为孤家寡人。幸亏观音菩萨及时出现，把紧箍儿送给唐僧。只要唐僧一念咒语，悟空的头便疼痛难忍，只得俯首听命于唐僧。”

龙叔叔笑眯眯地对他说：“不仅《西游记》中有紧箍儿，而且现实生活中也有。美国科学家发明的高科技电子手镯、电子脚环就能像紧箍咒一样，有效地管制罪犯。”

小龙崎觉得很有意思，就问：“这个电子‘紧箍儿’怎么能阻止犯人做坏事呢？”

1979年8月的一天，美国新墨西哥州阿尔伯克基市轻罪法庭的法官杰克·洛夫趁着审判休庭的空当，顺手抄起那本令他着迷的小说《蜘蛛人》。当他读到小说中的主人公被对手们强行戴上一枚摘不下来的戒指的情节时，联想到了罪犯，突然来了灵感——小说中的对手们可以根据戒指发出的信息控制蜘蛛人的行踪，我们为什么不可以将同样的办法用于轻罪犯呢？就这样，他形成了“家庭监狱”的想法。随后，有关部门根据这种想法研制出电子手铐，并于1984年首次进行了试验。

佩戴电子手铐代替坐牢的方式，目前已在美国、加拿大、瑞典、荷兰及英国广为推行。1997年，美国佩戴电子手铐服刑的犯人已有20000名。电子手铐定时发出信号，通过监视箱，传至监视中心。监视中心根据电子手铐发出的信号，可随时了解囚犯的行踪。如果手铐被犯人带出方圆200英尺的地方，接收器就会自动向电子计算中心报告。这种电子手铐外面包着一层塑料，犯人可带上它洗澡。假如有人破坏它或者接收环节出现故障，它会自动向电子计算机中心基地发出信号。

另外，警方还将电子脚环套在犯醉酒驾车罪的司机脚腕上。每当司机酗酒时，电子脚环会自动将信号发给警察局，使该司机无法开车。酗酒后司机如将电子脚环取下，警察局同样会收到信号，而不让其外出。这样，司机可免于入狱，车祸也可以减少。电子手铐、电子脚环有助于解决监狱人满为患的问题。目前，佩戴电子手铐仅适用犯罪轻、刑期不超过一年的囚犯。

后来电子装置体积越来越小，可以置入犯人的体内，这样罪犯很难摘除电子装置，可以更保险。对于性格异常暴戾的罪犯可以依法将装置长期放入其体内。如果他以后想报复警员，在他靠近警员时，警员就可以及时加以防范。每当犯人外出时，警方根据安装在犯人身上的金属环就可以确定他所在的位置，电脑将会记录他所去的地方、时间。当犯人走近从前的犯罪地点及禁止进入的地区时，金属环将会发出警告，警方的电子监视器也会作出反应。这时，犯人马上就会重新被捕。

听着龙叔叔的介绍，小龙崎一个劲地点头，说：“高科技带来的一切真是太奇妙了。”

不可不知的事

第三代无形监狱系统

第三代无形监狱系统由无线电接收器、已编入程序的电脑芯片和在犯人皮下植入的行为改变药物组成。具体的做法是这样的：首先在犯人的皮下植入电脑芯片和药囊，如果植入犯人皮下的电脑芯片认为犯人有暴力行为，就会将警告信息传送到最近的一个无线电接收器，然后传回监视中心。必要的时候，电脑芯片将根据监视中心传回的命令或判断，压迫释放一定剂量的药物。比如说，对性格特别暴躁的犯人，一旦情况紧急，系统就释放药囊里的安眠药，使犯人昏昏然，丧失犯罪能力。

11 电脑 VS 人脑

这段时间，龙叔叔给小龙崎讲了许多有关电脑的知识。小龙崎这才知道，原来电脑已经深入到我们生活的方方面面，我们似乎已经离不开它了。与此同时，小龙崎又有些担心和忧虑，他问：“龙叔叔，电脑的功能这么强大，发展这么快，会不会有一天，电脑变得和人一样聪明，成为世界的主宰，而人类则沦为电脑的奴隶？”

龙叔叔说：“这你大可不必担心，电脑是不会取代人脑的。因为电脑和人脑有本质的差别，它们之间相差十万八千里呢！”

近年来，电脑技术发展越来越快，每五年就会更新一次。电脑体积缩小到最初的1/10，可靠性却提高了10倍。某些发达国家声称已经在研究智能电脑、神经网络电脑。

但电脑不过是按照程序、“照章办事”而已，它只不过是人把某些解决问题的能够用语言表达的知识、方法、经验等编写进电脑程序。能用语言明确地描述的问题，电脑才能求解；不能用语言描述的问题，电脑也无能为力。人脑则恰恰有许多非语言所能表达的能耐，如印象、直觉、灵感等——这些只能意会，不可言传。人能“一目了然”的事物，最先进的电脑即使经过千万次乃至上亿次的运算，也未必能认识。因为人脑的生理结构和运作方式与电脑完全不同，没有语言可以描述，也无法编写成电脑程序，电脑也就无法求解。

此外，电脑和人脑解决问题的方式也不一样。就下棋来说，电脑的真功夫在于以快取胜。电脑每下一步棋，就会检验对手所有可能的招数，并考虑每一招的所有对策，再从中选择最有希望获胜的一步棋。我们下棋虽然也是走一步看几步，但棋手的高明之处在于不是死板地考虑每一种可能性，而是根据长期积累的经验，在审视当前棋局后，直觉地把注意力集中到比较有希望取胜的几招上，再选择一步棋。虽然电脑也通过一些程序设计技巧，积累“经验”，缩小搜索空间，但它却不可能像人类棋手那样随机“心变”。正因如此，诸如围棋这样比象棋更复杂的棋类，人们至今还没编出像国际象棋那样出色的电脑程序。

“哦，我明白了。电脑是人类创造的一种信息处理工具，只能按照人们为它编制的程序行事。”小龙崎放心地说。

“是的，电脑只能部分代替人脑，不可能完全代替人脑。”龙叔叔点头道。

不可不知的事

在未来世界，电脑会超越人类吗？

尽管电脑技术在迅猛发展，新一代的电脑也越来越接近人的某些特性，如电脑能听懂人的语言、能讲话、能识别周围的环境、具有一定范围内的逻辑推理和学习能力，甚至在某些方面突破了人的极限，但电脑不可能完全替代人类而主宰世界。因为人脑远比电脑复杂，想让电脑具有与人脑同样的结构和功能，人类的科学技术还远远做不到这一点。此外，电脑毕竟是人创造的一个工具，无论如何，电脑都不可能具有人那样的创造力。所以，人类可以安全、放心、便利地使用电脑这个高级工具。

三、巧夺天工的
各种材料

1 记忆力惊人的金属

晚上八点多了，龙叔叔看到小龙崎正在房间里挑灯夜战，就走了进去。

“小龙崎，这么晚了怎么还不睡？”

“龙叔叔，我在看书，这上面提到说有的金属具有‘记忆’能力，真让人难以置信！”

“你不信？那先听龙叔叔给你讲个故事，好不好？”

“好！”小龙崎高兴地答道。

20世纪60年代初，美国海军研究所在研究镍钛合金时，把弯弯曲曲的镍钛合金丝拉直后，放在火炉附近，结果发现这些已被拉直的合金丝竟然在一瞬间就恢复到了原有的弯曲形状。这一发现，引起了科学家们的兴趣。于是，他们先将镍钛合金丝弯成“镍钛合金”字样，然后将其压成杂乱无章的形状。当加热这些压过之后的合金丝时，合金丝发出了一种“丝丝”的声音并且弹跳起来——乱作一团的合金丝又重新变成了清晰的“镍钛合金”的字样。

原来这些合金与一般金属不同，它像有生命的生物体一样，具有较强的“记忆力”，能“记住”自己原来的形象。当遇到温度变化时，它就能恢复原来的形状。美国海军研究所将这种具有记忆能力的特种合金称为“镍钛诺尔合金”。从此，引起了各国科学家的极大关注，现在已研制成功了十多种具有记忆能力的新型合金如金镉、钛钴、钛铁、锆铷等，科学上称这些合金为“记忆合金”。

“金属也有记忆，太有意思了。龙叔叔，那这种能记住形状的合金有何用处呢？”小龙崎继续发问。

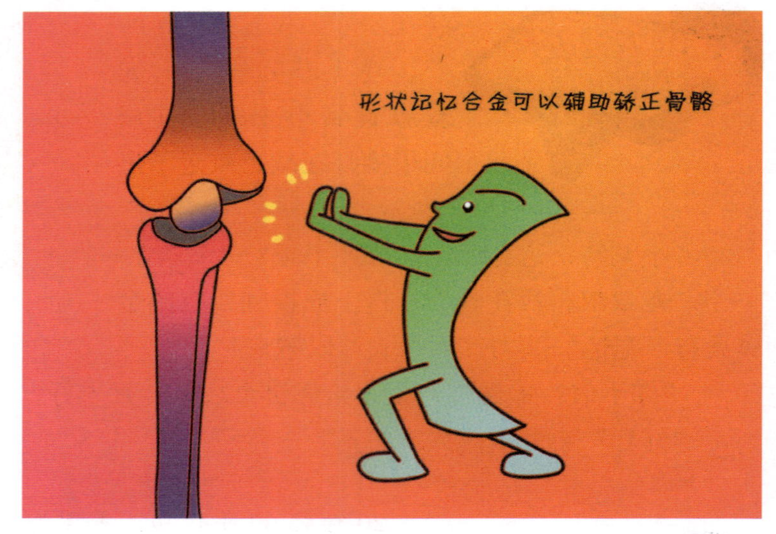

“用途可大了。航空航天、汽车工业、集成电路甚至医学中都有它的身影。比如，可以用它做铆钉，只须让它事先记住铆钉的形状，把它插入铆孔，再加热到转变温度以上就行。用记忆合金做管道接头也有极大的优越性，它在飞机液压系统的应用中更是大显神通。在常温下，把接头的内径做成小于被接管子外径的大小，然后把接头贮存在冷却器中，用外力使接头的内径大于被接管子的外径，应用时，只需要把两根要连接的管子的两端部分套入接头内。一达到室温，接头“记忆”起自己原先的形状，内径就会缩小到原来的尺寸。于是接头与管子之间的连接力就变得很大，从而达到了密封的要求，二者就牢固地连接在一起了。在医学上，形状记忆合金又是很好的骨科整形材料。医生只要在弯曲的骨头上装上形状记忆合金，人体的体温会使合金伸直，从而方便地达到矫正骨骼的目的。”

不可不知的事

用镍钛合金来制作天线

科学家们为了把月球上收集到的科研资料发回地面，就必须在月球上架设一架像大伞似的天线。可是宇宙飞船容积有限，要带的东西又多。如何才能将这个巨大的天线带上天呢？这时镍钛合金可就帮大忙了，科学家们在40℃以上用它做成天线，然后冷却到40℃以下，把天线折叠成一个小球团放在飞船里。到月球上后，因空气稀薄，太阳光强，把镍钛合金天线取出来一晒，它就很快就会‘回忆’起自己的形状，犹如荷花开放似的自动展开成大伞似的天线。

2 贮氢合金的本领

这天，龙叔叔开车带着小龙崎正在高速路上行驶，被一辆警车拦了下来。原来，前面有一辆装有氢气的槽罐车侧翻了，随时都可能爆炸，所有车辆禁止进入警戒区。

小龙崎害怕地问："龙叔叔，既然氢气那么危险，人们干吗还要运输它呢？"

龙叔叔说："因为氢气是一种非常干净的高效燃料，它燃烧时能够释放大量的热而生成的却仅仅是水，既可缓解能源危机，又能保护环境。所以，人们现在大量地开发、利用氢气。"

小龙崎点头道："这么说来，氢气的作用还真不小。可是，龙叔叔，我们应该如何安全地贮藏氢气呢？"

如果没有一种方便的贮存氢气的办法，氢气就不可能作为普通的常规能源得到广泛应用。现行的贮氢办法是用高压钢瓶装压缩气态氢或用杜瓦瓶装液态氢。但是这两种办法都因为存在耗能高，容器笨重不便、不安全等缺点，在工业应用中受到限制。

而贮氢合金则是一种能贮存氢气的合金，它所贮存的氢的密度大于液态氢，因而被称为氢海绵。而且，氢气贮入合金中时，不但不需要消耗能量，而且还能放出热量。贮氢合金释放氢气时所需的能量也不高，兼之工作压力低，操作简便、安全，因此是最有前途的贮氢介质。

氢气与贮氢合金会形成化合物，即气态氧分子被解离成氢原子而进入了金属间隙之中。由于氢本身会使材料变质，如氢损伤、氢腐蚀、氢脆等。贮氢合金在反复吸收和释放氢气的过程中，会不断发生膨胀和收缩，从而使合金发生破坏。因此，良好的贮氢合金必须具有抵抗上述各种破坏方式的能力。

正在研究和发展中的贮氢合金通常是把吸热型的金属（如铁、镍、铜、铬、钼等）与放热型的金属（如钛、锆、镧、铈、钽、钒等）组合起来，制成适当的金属间化合物，使之具有贮氢材料的功能。吸热型金属是指在一定的氢压下，随着温度的升高，氢的溶解度增加；反之则为放热型金属。比较有前途的贮氢材料主要有以镁型、钙型、稀土型及钛型等金属为基础的贮氧合金。

贮氢用的钛锰贮氢合金与高压氢气钢瓶相比，具有重量轻、体积小的优点。在贮氢量相同时，钛锰贮氢合金的重量和体积分别为钢瓶的70%和25%。这种贮氢合金不仅具有只选择吸收氢和捕获不纯杂质的功能，而且还可以大大提高氢气的纯度。因此，它又是制备高纯度氢的净化材料。这类贮氢合金可采用高频感应炉熔炼和铸造，并经高温氢气处理而制得。它的特点是比重小，贮氢量大，价格低廉。在20℃时，每克钛锰贮氢合金可吸收氢225立方厘米，或释放氢185立方厘米，即每立方厘米的钛锰贮氢合金能贮藏氢1125立方厘米。

不可不知的事

贮氢合金的用途

贮氢合金的用途可多了。比如，可以用作氢气的精制和回收。用混合稀土贮氢合金处理含氧气、氮气、二氧化碳、一氧化碳、氢气等杂质的工业废气，可获得纯度高于99.9999%的超纯氢。同时，它还可以避免废气中由于氧气和氢气的存在而引起爆炸的危险。贮氧合金还可用来制造镍氢电池，以代替因镉有毒而使废电池处理相当复杂的镍镉电池，镍氢电池有容量大、无毒性和使用寿命长的优点，目前已成为世界各国的一个竞争热点。此外，我们还可以利用贮氢合金吸氢时发热、放氢时吸热的特点制作制冷设备。目前，日本、美国已制成了利用贮氢合金的空调器。燃氢汽车更是贮氢合金的另一诱人的应用领域。德国奔驰公司已成功试制出用铁钛贮氢合金代替汽油箱的燃氢汽车。据说，这是为将来汽油供应不足作准备的。

3 奇异的金属玻璃

暑假里，为了督促小龙崎学习科学知识，龙叔叔经常给他出一些问题。这天，龙叔叔问小龙崎：“小龙崎，你知道什么材料的抗腐蚀性能比较好吗？”

“这难不倒我，不锈钢呗！”小龙崎洋洋得意地说。

龙叔叔抬起头笑了笑，不置可否，继续问道：“你以为不锈钢就永远不生锈了吗？”

“那当然了！顾名思义，不锈钢就是不会生锈，否则怎么会叫‘不锈钢’呢？”

“不锈钢并不表示不生锈或不会被腐蚀，只不过与比其他金属相比，不锈钢的耐腐蚀性要强得多。其实，有一种金属比不锈钢更耐腐蚀。”

“那是什么材料？”小龙崎问道。

金属是不透明的，但现在人们已成功地制出一种貌似玻璃、又具有奇异性能的透明金属，叫作“金属玻璃”或“不碎玻璃”。

说来很有趣，金属在高温下变为熔融状态，如果让它慢慢冷却，就恢复为固体态的金属。如果将熔融状态金属以极高的速度冷却，奇迹就出现了——这些瞬息间就凝固了的金属，竟然会变成一种像玻璃一般透明的东西。假若是板状金属，外貌就像平板玻璃一样，但它却是一块砸不破的新型玻璃。

原来，当液体状态的金属慢慢冷却、凝固时，其内部的原子结构是很规则的，它冷却后会形成一定晶形的结构，所以普通的金属是不透明的。但假若把液体金属急剧冷却，其内部原子结构还来不及进行规则的排列就已经变成固体了。此时，变成固体的金属中的原子，仍保持着熔融状态时的那种紊乱、不规则的排列，于是就形成了奇异的透明现象。

这种金属玻璃与一般的金属相比，有许多优良的性能，可以应用在很多方面。

金属玻璃除外貌酷似玻璃外，还具有很高的抗张强度。比如，有的金属玻璃的强度很高，每平方毫米受到350千克的拉力作用，也不会被拉断。这比超高强度钢的强度差不多还要高1倍。当然，钢的强度可以设法提高到金属玻璃那样高的水平，可强度高了，韧性却要大大降低，很容易断裂；而金属玻璃则强度高，韧性又好。它像一种铁磷碳薄带金属玻璃，其韧性是钢的5倍，是铝合金的10倍。因为金属玻璃有这样好的力学性能，所以其可以用来制造各种经久耐用的刀具等。

金属玻璃还有很好的抗腐蚀性能。有人做过这样的实验：把金属玻璃放到一定浓度的盐水或者盐酸、硫酸里浸泡一个星期，之后再用微量天平称重，发现其重量并没有什么变化。这说明金属玻璃的耐腐蚀性能远远超过不锈钢。因此，金属玻璃特别适合用来制造化工器件和抗海水腐蚀器件。比如，要把工业废水中的磁性物质颗粒分离出来，需要用一种叫作磁分离器的设备，这种磁分离器收集碱性颗粒用的材料一般都是不锈钢。如果用含有铬和磷的金属玻璃来代替不锈钢，金属玻璃优良的磁性能，就几乎可以把百分之百的磁性颗粒收集过来，使分离效率提高3倍。

另外，金属玻璃还有一个奇异的特性，也是因为原子排列紊乱而发生的。这就是它具有很大的电阻，这一点使它又成为制造电工器材的好材料。

“哇，好奇妙啊！”小龙崎大发感慨。

不可不知的事

怎样实现每秒100万度的超速冷却？

制造金属玻璃需要将熔融状态的金属以极快的速度冷却，冷却速度要在每秒100万摄氏度以上。科研人员最早曾使用过电化学法、真空蒸发法、离子溅射法等，但用这些方法制成的金属玻璃不是太薄就是太小，工业用途不大。20世纪70年代初发明的离心急冷法制造长的带状非晶态合金，取得了一定的效果。随后，人们又发明了将熔融金属喷射到液氮冷却的两个金属辊子上，制造带状非晶态合金的喷射急冷法，其辊子的旋转速度能与日本新干线高速列车的速度相比，转瞬间即能制造出几百米长的非晶态合金带。喷射急冷法是目前效果最佳、最为实用的一种急冷方法。

4 神奇的“小不点”

龙叔叔走进小龙崎的房间，看见他正在饶有兴致地看小说《小不点的故事》。

“小龙崎，龙叔叔也给你讲个小不点的故事吧？”看小龙崎抬起了头，龙博士说道。

“龙叔叔，您也知道小不点的故事？快讲给我听。”

“龙叔叔所认识的这位小不点，可比你刚才看的这位要神奇、伟大得多。”

“真的？是哪位小不点呀？”

我说的“小不点”是被称为“超微粒子”的金属粉末，它直到最近才引起人们的注意。一般来说，直径小于1毫米的颗粒就可以叫作“粉末体”。可是，我们这里所说的超微粒子，直径只有百万分之一毫米到万分之一毫米，或者说，在十分之一微米以下。这样的金属微粒可真是太小了，一个微乎其微的霍乱细菌都比它大100倍呢！用一般的光学显微镜根本看不见它们，我们必须用电子显微镜才能认出它们的真面目。

金属粉末颗粒的大小叫作“粒度”。粉末颗粒越细，也就是粒度越小，单位重量（比如每克）的表面积（比如平方米）——比表面——就越大。拿还原铁粉作例子，平均粒度为 68 微米的粉末颗粒，比表面是 516 平方米 / 克；平均粒度为 51 微米的粉末颗粒，比表面是 954 平方米 / 克；1 克平均粒度为 6 微米的粉末颗粒，比表面积可达 5160 平方米。可想而知，粒度不足 1/10 微米的超微粒子，比表面该有多大了。

颗粒这么细，比表面这么大，会给金属带来一系列意想不到的变化。通常状态下十分稳定的金属，在超细状态下会变得很不稳定。比如铁：铁块在空气中与氧发生反应，生成铁锈，进程非常缓慢；超细的铁粉则不同，它们的比表面比铁块大几千、几万倍，氧化反应在所有表面上同时进行，会产生大量的热，这些热量贮积在铁粉中，很快就能达到白热化的程度，直至引起燃烧、爆炸。超微粒子的活性强，能进行各种反应，它在低温条件下几乎没有热阻，热很容易通过。超微粒子的熔点比金属块低得多，容易烧结，烧结制品在常温下十分稳定。金属的超微粒子能充分吸收光，有比金属块强得多的磁性。

“超微粒子的这些特性，一定给它们带来了一系列特殊的用途吧？”小龙崎猜测道。

龙叔叔点点头，说：“没错。在电子行业里，细金属粉末是集成电路的导电膜涂料和电阻膜涂料。细金属粉末可以做成微孔过滤器，用来分离和浓缩气体同位素、稀有气体混合物和高分子有机物，等等。红外线检测器的涂料也少不了细金属粉末。考虑到超微粒子对光有很强的吸收能力，人们现在正在研究把它们充当红外线的吸收材料，应用到太阳能利用装置等方面。细金属粉末的表面积大，活性强，可以用来加速许多化学反应。把极细的镍粉加到火箭燃料里，可以改进火箭固体燃料的燃烧特性。有人预料，超微粒子的发现也许会给催化技术带来革命，给我们提供一大批新型的、划时代的催化剂。依靠超微粒子的帮助，我们还能制造出燃烧效率比现有燃料高 100 倍的火箭燃料。超微粒子还是制作磁带、磁盘的极好磁性材料。据说，用它制成的磁带，其记录密度要比以往高 10 倍，富士摄影胶卷、松下电器产业、日立制作所等企业都已开发出了此类高功能磁带并将其投入了工业生产。”

不可不知的事

制备超细金属

超细金属的作用堪称神奇，可是要制备它们也不是一件易事。目前，超细金属的制法主要以日本名城大学的上田教授等人研究成功的“气体中蒸发法”为主。其方法是将惰性气体封入真空容器中，在其中将金属在高温下加热并使之蒸发，然后将蒸发的超细粒子以粉状回收。因而，虽然现阶段该法已投入工业化生产，但制价仍很高，每千克高达几万至几十万日元，因此还不易用于生产应用制品。

5 大有可为的超导材料

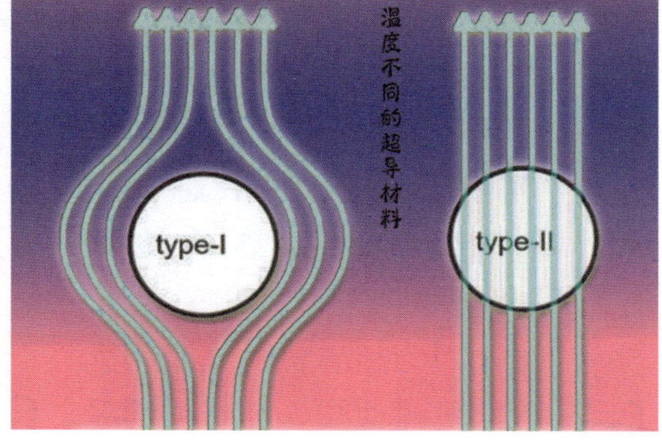

电视里面正在播报一则新闻：一家网吧忽然着起了大火，夺去了5个人的生命。经过调查，人们得知，造成这场大火的罪魁祸首就是一根已使用多年的旧电线。

“旧电线怎么会引起大火呢？”

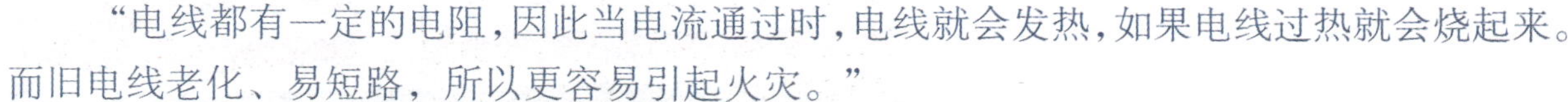

“电线都有一定的电阻，因此当电流通过时，电线就会发热，如果电线过热就会烧起来。而旧电线老化、易短路，所以更容易引起火灾。”

“要是能找到一种无电阻的材料作导线就好了。”小龙崎若有所思地说。

“无电阻的材料就是超导材料。”龙叔叔回答说。

“什么是超导材料？”小龙崎继续追问。

1911年夏日的一天，在荷兰莱登大学的低温实验室里，物理学家开默林·昂尼斯教授正带着他的学生研究在极低的温度下，金属的电阻值变化。他们把一根水银制成的电线放在低温下通电。水银在常温下是液态的，但在−40℃以下就变成固态，可以制成电线了。那么，为什么一定要用水银做电线呢？因为这个实验有个先决条件，那就是金属要非常纯，如果有一点点杂质，电阻就测不准了。在当时的条件下，提纯水银相对容易些。

昂尼斯教授一边指挥他的学生不断降低温度，一边叮嘱另一个学生观察电阻的变化。奇怪的现象出现了，当温度降到 −269℃时，水银的电阻没有了。昂尼斯以为实验出了问题，吩咐学生再重复做几次，每次都得到一样的结果。昂尼斯教授欣喜若狂，他意识到这是一个破天荒的重大发现。他把物质在低温状态下，电阻消失为零的现象叫作“超导电性”。后来人们把在低温状态下具有超导电性的材料叫作“超导体”。

“为什么科学家们对‘超导’表现出如此狂热的热情呢？”小龙崎问。

“这是因为超导材料太吸引人了，一旦能付诸使用，它产生的经济效益将是不可估量的。大家知道，我们目前的输电线路都有热损耗，这是因为输电线有电阻，电阻发热与电流的平方成正比。为了降低热损耗，科学家们想了许多办法：加粗输电线路使电阻减小，但这要浪费大量的铜资源；升高电压进行远距离高电压输电，但这也不能从根本上解决问题，而且输电距离远，热损耗也大。而超导材料的电阻为零，因此电流通过超导材料没有热损耗，很细的导线就可以通过很大的电流，也不必采用高压输电的方法。另外，利用高温超导制成的计算机芯片，可使其计算速度达每秒 10 亿次，这是现有大型计算机速度的 15 倍。利用高温超导材料，还可以实现火箭的无声发射、航天飞机的自动升空等。超导材料还有一个引人注目的应用，那就是制造时速高达 500 千米的磁悬浮列车。”龙叔叔说完，有些激动。

不可不知的事

“永久电流”实验

1913年，昂尼斯因为在超导研究方面开天辟地的贡献而获得了诺贝尔物理学奖。学无止境，昂尼斯教授再接再厉，1914年，为了证明超导体的电阻确实为零，他设计了一个非常巧妙的实验：用超导体制成一个圆环，放在磁场中，然后降温，再突然撤去磁场。由于电磁感应，超导体圆环内会产生电流。如果超导体内有电阻，电流就会慢慢减小，直至消失，反之电流则会持续地流个不停。昂尼斯持续观察了数月，圆环内的电流始终如一，丝毫也没有想停下来的样子。据说，后来有人仿效昂尼斯的这个实验，观察了整整两年，圆环内的电流也没有丝毫减少。这就是著名的“永久电流”实验。

6 既平凡又神奇的铝

爷爷年纪大了，腿脚也不好，龙叔叔从网上给他买了一个拐杖。第二天，快递就把拐杖送来了。小龙崎打开一看，拐杖既光亮又轻巧，还非常结实。

小龙崎问："龙叔叔，这拐杖是什么材料做的？"

"铝合金。"龙叔叔回答。

小龙崎接着问："铝合金？那它与铝有什么区别？"

我们得先来认识一下铝合金的祖宗——铝。虽然早在几千年前人类就会炼铜、炼铁了，但铝的发现还只是100多年前的事。这是因为铝矿石在一般的炼铁炉里是炼不出来的。1825年，丹麦科学家艾尔斯特发现了铝。他采用化学性质活泼的钾和钠，把铝从铝矿石中提炼出来。不过金属钾、金属钠是很贵的，用钾和钠提炼出来的铝，价格比金子还贵！因此，当初人们把铝叫作"银色的金子"，属于一种贵金属，铝制品更是高贵的奢侈品，一般人是买不起的，只有贵族小姐才能得到一枚小小的铝制装饰品，别在显眼的衣襟上。

直到1886年，法国科学家保罗·海努尔和美国的查理士·赫尔几乎同时发明了提炼铝的新方法：把铝矾土和冰晶石一起放进电解槽里熔化，然后用强大的电流把金属铝从阴极电解出来。用这种方法炼铝比较先进，但要耗用大量的电，而当时的发电成本也不便宜。因此，第一家电解铝厂一天也只能生产50磅铝，铝还是很贵的。到了20世纪，发电事业有了很大的进展，发电量多了，电的价格也便宜了，炼铝工业方才得到了有利的发展条件，今天的铝制品也已经成为家家户户都有的日常器皿。

虽然铝被人类发现和利用的历史很短。但如今，在为人类服务的各种金属中，除了铁和钢之外，铝的用途是最为广泛的。主要原因在于，铝很轻，只有钢或铜质量的1/3，所以它常被用来代替钢铁和铜，以减轻金属结构的重量，这一点在飞机、导弹和火箭的制造中有很重要的意义。例如，一架现代化的超音速飞机上，铝和铝合金的比重就要占70%左右，导弹中铝的比重也有10%～50%，我国第一颗人造卫星“东方红1号”的外壳就是由铝合金制成的，美国“阿波罗11号”宇宙飞船使用的金属材料中，铝和铝合金也占了75%。

小龙崎听后若有所思，又问道：“用了那么多铝及铝合金，飞机、导弹的体重是减轻了，可是，强度够吗？”

龙叔叔继续说道：“铝虽然强度不及铁，不过一旦加入少量铜、锰、硅、锂等合金元素后形成铝合金，其强度就会显著提高，再经过一定的热处理，铝合金甚至可以达到或超过一些钢材的强度。因此，大可不必为强度问题担忧。近年来，铝合金已被广泛应用在建筑装潢、汽车工业及航空航天中。”

不可不知的事

铝的导电导热性

铝不仅质轻，而且还具有良好的导电性能。假设铜的导电能力为100，则铝导电能力就有64，而铁只有16。铝的导电能力虽然不及铜，但其密度只有铜的1/3，若按相同质量算，铝的导电能力实际上是铜的2倍多。而且，铝导线散热快，不易被烧坏，加上价格便宜，近几十年来被用作导线的铝及铝合金数量大增。含镁和硅的铝合金在作导线方面几乎可以完全代替铜，导电铝合金在电缆、自动化设备及航空航天等行业中均有很重要的作用。此外，铝的导热性能也不错，几乎是铁的3倍。因此，铝还可以用来制作热交换器和散热器。

7 削铁如泥的硬质合金

暑假里，有一家电视台正在播放电视剧《倚天屠龙记》，小龙崎很喜欢看，特别是里面的那把屠龙宝刀居然削铁如泥，真是太厉害了！

看完电视，小龙崎问龙叔叔：“《倚天屠龙记》里的那把屠龙刀真是太锋利了，钢铁都能砍断。”

“傻孩子，那是作者使用的夸张手法，屠龙刀不过是虚构的一个兵器。不过在现实中，冶金学家们还真制出了‘削铁如泥’的‘宝刀’，那就是硬质合金做成的金属切削刀具。”

“龙叔叔，那硬质合金是不是指质地非常坚硬的合金？”

硬质合金非常坚硬，切削得了淬过火的钢刀，刻画得动玻璃和岩石。它还十分耐热，薄薄的一小片，焊在机床刀杆上切削钢铁零件时，即使工件因摩擦发热变得炽红，硬质合金依然能够继续工作。硬质合金的切削速度可以达到每分钟几百米，最高记录甚至能达到每分钟 1500 ~ 2000 米。

由于硬质合金具有极强硬的特性，所以在精密量具如塞规、卡板、游标尺的测量部位上，在易损耗的模具如拉丝、挤压、冷冲、热锻的刀口上，在经常受摩擦的机械零件的工作部位上，人们都用硬质合金为钢铁披上“铠甲”，使其寿命普遍得到提高。在无法整体焊接上去的地方，人们又想办法用火焰加热，将硬质合金像喷漆那样喷涂到钢铁、铝、铜、镁等金属零件的表面上，这样也就得到了一层薄薄的耐温、耐磨、耐腐蚀的表面层。在现代科技和生活的领域中，大到火箭、飞船、电子计算机，小到耕犁的刀刃、牙科医生的切割刀具，都用上了硬质合金。

小龙崎好奇地问：“硬质合金到底含有什么成分？它是怎样制造出来的？”

龙叔叔解释道：“硬质合金中主要是碳化钨和少量的碳化钛或碳化铌，因为碳化钨的硬度极大、熔点极高，所以其耐热，耐磨，抗腐蚀。硬质合金中含有 3% ~ 10% 的黑色钴粉，它是用来黏结那些极硬的碳化物颗粒的。硬质合金一般分两大类：一类叫‘钨钴型硬质合金’，通常含有 90% 的碳化钨和 10% 的钴，另一类叫‘钨钴钛型硬质合金’，通常含有 70% 的碳化钨、20% 的碳化钛和 10% 的钴。这些合金中钴的含量越多，其韧性越大。如果加入少量的碳化铌，那就是更耐磨的新型合金了。

“制造硬质合金和制砖烧瓷差不多，所以被称作‘粉末冶金’或‘陶瓷冶金’。如果没有现成的碳化钨粉，就先得用钨粉制成碳化钨。把钨粉和煤均匀地混合起来，加热到 1450℃ ~1500℃，在氢气或一氧化碳气体中熔烧，就可以制得碳化钨。将碳化钨、碳化钛和钴粉调配混匀后，装在模具中，在巨大压力机下压成薄块儿，然后将其放到炉中烧结，加热到 1000℃后，再升温到 1500℃烧结一两个小时，便可以得到硬质合金块成品了。”

不可不知的事

氯化钛合金的优点

日本研制成功了一种新型高性能硬质合金，即氯化钛合金。它同时具有两者的优点：一方面，它在高速切削产生的高温下有着与碳化钨基合金相同的传热能力，是碳化钛基合金的2倍，因此用它做成的刀具散热快，刀具本身不太会升到很高的温度，这对提高切削速度是非常有利的；另一方面，这种氮化钛基合令刀具在每分钟100米的速度下切削铬钼钢时，刀具尖的形变比碳化钛基合金作成的刀具还小，在高温下的抗弯力、硬度也都和碳化钨合金相同甚至比碳化钨合金更高。因此，它的切削性能比上述两类碳化物合金都好，能够用于从低速到高速的广阔切削范围。

8 脾气古怪的稀土

放学了，小龙崎又蹦又跳地跑到龙叔叔家，然后翻箱倒柜地找好玩的东西。忽然，他看到一个精美的盒子，盒子里放着一个打火机，角上还有 zippo 的标志。小龙崎打了一下，只见一团火星闪过，打火机就被打着了。

“龙叔叔，刚才那一团火星是怎么出现的？”小龙崎问。

“打火机里面有个火石，当带有齿缘的铁轮摩擦它时，就会溅出火花。”

“火石？它是是由什么做的？”

“它是由稀土金属合金制成的。”

“什么是稀土金属？难道是很稀少的金属吗？”小龙崎疑惑地问。

稀土金属属于有色金属，共有17种，分别是镧、铈、镨、钕、钜、钐、铕、钆、铽、镝、钬、铒、铥、镱、镥、钇、钪。稀土金属又被分为轻稀土和重稀土金属。镧、铈、镨、钕、钜、钐、铕属于轻稀土，钆、铽、镝、钬、铒、铥、镱、镥属于重稀土。在17种稀土金属中，第一个被发现的是钇，它被发现于1794年；过了150多年，直到1947年发现了钜，人们才算把17种稀土金属全部找齐。

稀土金属的外观都是呈银色，只有个别的几种呈淡黄色或浅蓝色，硬度软，在潮湿空气中不易保存，易溶于稀酸。轻稀土金属的熔点在800℃～1000℃之间，重稀土金属的

熔点在1300℃～1500℃之间。

稀土金属的性质都很相近，所以人们把它们单独划分成一类。它们的化学性质都很活泼，几乎能与所有的元素起作用，它们的氧化物外观很像碱土（即氧化钙），毫无光泽，再加上其提取困难，不易得到单一的元素，所以18世纪时，有人给它们取了“稀土金属”这个名字。其实稀土金属并不稀少，有些稀土金属像钇、铈等，在地壳中的含量比锌、铜、锡、铅等还要多。它们在地壳中的蕴藏量超过了铅、锡、银、汞、锌、钨、铜的总和，因此把它们叫作“稀土金属”实在是“名不副实”。

小龙崎又问：“稀土金属都有哪些用途呢？”

龙叔叔说：“稀土金属的用途相当广泛，稀土工业是一个新兴的材料部门。稀土金属有‘冶金维生素’之称，如把稀土金属加入到金属中，可以改善金属的性能。常见的球墨铸铁就是加入含有稀土金属的球化剂而制成的。钐与钴组成的合金是目前发现的磁性最强的材料。我们使用的打火石，里面就含有铈。镧以及含镧的氯化物可以使石油裂化的汽油产量提高50%～80%，使锌烷的产量提高1倍。把稀土加入玻璃原料中，可以制出各种特殊性能的玻璃。稀土金属更是制造激光器不可缺少的原料，稀土金属已被应用于冶金、机械、石油、化工、电子、玻璃、陶瓷、军工等多个领域。”

不可不知的事

稀土金属的成员很难分开

稀土金属的17位成员不仅性质相近，紧紧抱成一团，难舍难分，而且还非常喜欢和其他元素如铀、钍、钛等聚集在一起，要想把它们彼此分开还真不容易。尽管如此，它们之间终究还是有着细微差别的，比如盐类溶解度等。随着科学技术的发展，人们还是巧妙地利用了稀土成员间的微小差别，通过化学分离法、离子交换法、溶剂萃取法等手段，将它们一个个地分离开。

9 新型陶瓷材料的妙用

星期天，小龙崎跟着龙叔叔去陶瓷博物馆参观。那一件件精美的艺术品，让小龙崎的眼睛应接不暇。他一边看，一边问："龙叔叔，这些美丽的陶瓷是用什么做的？"

"陶瓷工艺品是我国最古老的工艺美术品，它们都是用泥土烧成的。"

"泥土又黑又松软，陶瓷器洁净、光亮又坚硬，它们二者之间怎么会有联系呢？龙叔叔，您给我讲讲陶瓷好吗？"

陶瓷是人类最早直接利用自然界的原料而制成的，是历史上第一种人造材料。在旧石器时代，人们只会使用石块、木条、骨头等一些很原始的工具。后来，人们会使用火了，他们从长期以来的用火经验中发现，经火燃烧过的黏土，其硬度和强度都大大提高，而且再也不会被水瓦解。于是，到了新石器时代后期，人们便能将此类黏土加工成各种所需的形状，并用火烧制成陶制器皿。这样，陶器就诞生了。烧制陶瓷的黏土主要是一种含黏土、长石和石英等矿物质的土。根据所含矿物质含量的不同，陶瓷又可分为硬质瓷和软质瓷。硬质瓷常用于制作家用器皿、电器及防化学腐蚀管道等，如咱们今天买的碗、碟，均属硬质瓷；软质瓷则透明度高，装饰效果好，一般用于制造工艺美术品。

随着许多尖端技术部门对材料使用性能的增高，特别是由于电子工业和微电子工业的推动，陶瓷技术近年来发展较快，新型陶瓷材料的品种层出不穷。

“新型陶瓷材料都有哪些？您给我举几个例子吧。”

龙叔叔思考了一下，说：“早在 1957 年，人们就用 99.9% 的氧化铝烧结出一种半透明的陶瓷，这是一种优质的电光源材料。后来，人们又成功研制出了透明陶瓷。透明陶瓷材料具有玻璃无法比拟的性能，是现代技术不可缺少的材料。例如，它可以制造防止核爆炸引起盲瞎的眼镜、立体工业电视的观察镜、红外线制导导弹的整流罩、坦克的观察窗等。还有一种新型陶瓷就是碳化硅陶瓷。制造这种陶瓷材料时，要先把硅粉放在 1200℃的高温下进行氮化，氮化后加工成型，再放到 1400℃的高温下进行第二次氮化。这种材料有足够的强度和硬度，耐高温，耐腐蚀，抗冷热骤变，是一种用途极广的工程陶瓷。另外，还有一种碳化硅陶瓷，这种陶瓷质地坚硬，可以代替金刚石作磨料，能耐极高的温度，在 2600℃时才会分解，是很好的电热材料。近二十年来，用热压法烧制的碳化硅陶瓷，性能更佳，可以做高温燃气涡轮的关键部件。

“近年来，许多电子元器件，如集成电路板、铁氧体、消费性电子产品的某些零部件等，都可以用既能满足使用性能要求又价廉耐用的精密陶瓷来制造。另外，许多光学仪器、光存贮元件和光电子管也都可以用新型陶瓷材料来制造。新型陶瓷材料还可以用来制作假牙、人造骨骼和人工关节，可以应用于医学领域。”

“它的用途越来越广泛了。”小龙崎总结道。

不可不知的事

我国为什么被称为“瓷器之国”

在我国，陶瓷业的发展已有非常悠久的历史。早在魏、晋、南北朝时期，中国人就已经懂得制造瓷器，到宋、元时代，我国的瓷器制造已经发展到了很高的水平。到了明清时期，我国的陶瓷业就更为发达了。当时，江西景德镇烧制的薄胎瓷器就被赞为洁如玉，明如镜，薄如纸，声如罄。瓷器还被作为中华文明的象征，大量地运往欧亚各地。直到今天，许多拉丁语系国家仍以“CHINA”一词作为瓷器的同义词。近代以来，随着人们对陶瓷的原料、配比以及制造工艺的精选、优化和严格控制，传统陶瓷已成为提高我们生活水平的重要基础材料，在生产方面也达到了很高的水平。可是，在高品质的先进陶瓷方面，我们还落后于日本、英国。因此，在新技术的基础上，提高传统陶瓷生产技术，扭转先进陶瓷方面的落后局面，重新使我国回归到瓷器大国的地位，是我国当今陶瓷业的伟大使命。

10 玻璃透明的奥秘

新年快要到了，龙叔叔让小龙崎帮忙打扫卫生。小龙崎很卖力，提着一桶水，拿着一块抹布就去擦窗户玻璃了。擦了一会儿，小龙崎发现窗户玻璃真干净，一眼望上去就像什么都没有似的。小龙崎越看越觉得玻璃真得好神奇！于是，小龙崎便对龙叔叔说："龙叔叔，我觉得玻璃的性格真是好奇怪。"

"奇怪什么？"

"您看，玻璃、金属块、木材、水泥、砖瓦在生活中很常见，可为什么偏偏只有玻璃是透明的，而其他许多物质都是不透明的呢？"

在谈玻璃透明的道理之前，不妨让我们来回忆一种日常情况。白天，你站在室内通过洁净的玻璃窗观看外面的明亮景物，一切都清晰可见，你丝毫觉察不到在眼睛和外界景物之间还有一层玻璃挡在中间。这是人们都很熟悉的事实和生活经验了。我们把这种能够透过光线的物质叫作"透明物质"。这类物质可不少，固体的有水晶、玻璃、云母和描图纸等，液体的有水、酒精等。不过，它们之间也有透明程度高低的差别，玻璃是最理想的透明物质之一。

当黄昏来临，我们在开着灯的室内再通过玻璃窗向外观看时，除了看到外面的景物外，还能够在玻璃上看到自己的脸部和室内物体的映像。显然，使我们能够看到这些映像的光线是从室内发出的。这部分光线并没有透过玻璃传到外面去，而是返回到了你的眼睛里，也就是说，玻璃除了能透过光线外，还能使光产生反射。同时，当光线透过如玻璃之类的透明物质时，由于玻璃内含有某些会着色离子、原子，还会使一部分光被吸收掉，从而使透过的光线变得更为暗淡起来。因此，任何物质在光线作用下都会产生透过、反射和吸收三种作用。对于透明物质来说，它们具有很大的光透过能力，反射和吸收倒是很少的。相反，不透明物质却具有很强的反射和吸收的本领，光线透过它们的能力异常微小，可见光几乎一点都不能透过。

玻璃内部没有结晶体存在，是一种无定形态物质。另外，玻璃结构中有晶子存在，不过它的尺寸也是很小，只有 7×10 ~ 20 埃米。这样十分微小的晶子与可见光的波长相比较，更显得渺小和微不足道了。人眼可以看见的光线是波长为 4000 ~ 7800 埃米的电磁波，两者相比，晶子的尺寸仅仅是可见光波长的几千分之一。这样微小的晶子存在于玻璃内，毫不妨碍这部分光线顺利通过。玻璃中微小晶子对这部分光线既少散射，也甚少吸收。所以，光线由玻璃这边进去，又几乎原封不动地从另一边出来。光的波长也没有大的改变，强度基本上也没有减弱。这样一来，当光线再入射到人的眼睛时，人们就感觉不出什么区别，仍像没有经过玻璃一样，看起来就是透明的。

小龙崎继续问道："那么，金属块、木材、水泥、砖瓦之类的东西为什么没有这种透光的本领呢？"

龙叔叔笑眯眯地解释说："它们都不是非晶体，它们都是结晶体。有的晶体尺寸还比较大，用一般的普通光学显微镜来观察它们的结构已能看得十分清楚。当光线照射它们时，这类物质的表面和内部的晶体界面、气泡等，都会使光线产生反射、散射和吸收。透过的光线微弱得几乎没有，所以就成为不透明的了。”

不可不知的事

玻璃纤维显神效

玻璃铮亮、透明，用途广泛，人人皆知。但遗憾的是，玻璃质脆、易碎，经不起挤压和碰撞。不过，奇怪的是，当人们把玻璃拉成横截面只有头发 1/4 的细丝以后，它便产生了许多奇妙而可贵的特性：抗拉强度骤然增大为麻、丝、尼龙的 3 倍，既不会燃烧，又可以抗腐蚀、绝缘、隔热和吸音。

这是为什么呢？

原来，质地再好的玻璃，尽管人们凭肉眼观察看不到它有任何破绽，但只要将它置于精密仪器下一测，就会发现它有众多的空隙和气泡，这就是玻璃遭到碰撞后粉身碎骨的症结所在。而只要把玻璃拉成细丝，玻璃分子便会乖乖地、有秩序地排列起来，几乎没有间隙的余地，形成表面光滑、粗细均匀、性能独特的玻璃纤维。玻璃纤维有长短之分：长纤维直径只有 3 ~ 20 微米，长度可达 20 千米以上，很像人造丝，主要用作增强材料；短纤维也不过几十微米长，看上去就像棉花那样，因此被称作“玻璃棉”。

11 玻璃中的“王者”

周末，小龙崎跟着龙叔叔去动物园游玩。在猴山上，他看到一只很威武健壮的猴子，饲养员投放的食物都是它先吃，其余猴子再吃。

小龙崎问：“龙叔叔，那只猴子是不是就是猴王？”

“没错！不仅猴群中有猴王，玻璃中也有‘玻璃王’。”龙叔叔想起昨天小龙崎问过有关玻璃的问题，就想趁此机会再给他介绍一点有关玻璃的新知识。

“玻璃王？”小龙崎奇怪地说，“这我还真没有听说过。龙叔叔，您给我详细地讲讲好吗？”

动物中有“狮子王”，玻璃家族中也有一位“玻璃王”，它就是石英玻璃。为何选它为王呢？我们先来看一个激动人心的情景：在实验室里，电炉上温度指示仪指着1100℃。定时钟响了，实验员打开炉门，一只烧得通红的玻璃烧杯一下子摔入20℃的水中。这一干净利落的举动不免使人心惊，玻璃会炸得粉碎吗？担心是多余的，玻璃杯安全无恙。不仅仅是一两次，而是反复5次了。玻璃热稳定性试验就这样结束了。显然，这种玻璃的性格看来非同一般。它便是玻璃中的硬汉子——石英玻璃。当然，它还有良好的光学、电学、

化学和力学性质。其他各类玻璃与它相比，都会相形见绌．所以，长期以来人们称石英玻璃为玻璃王不是没有道理的。

但是，玻璃王的制造条件却非常苛刻。除了要有高纯度的水晶粉作原料外，2000℃以上的高温熔化和成型就限制了玻璃王在各方面所能发挥的作用。所以，多年来，人们一直在想方设法寻找在性质上与“玻璃王”类似而在制造成型上又不需要高温的新材料。

1837 年，有人用气体燃烧的热量来逐层熔化石英晶体的方法，制成了世界上第一块石英玻璃，延续了将近一个世纪以后，1944 年美国科学家首先制成了一块取名叫“伐可”的玻璃，也叫“高硅氧玻璃”。这种玻璃的性质跟玻璃王很相近，而在工艺上却可不用高温熔制和成型。所以，高硅氧玻璃自出世之日起，就一直在向玻璃王挑战。

听到这里，小龙崎好奇地问：“高硅氧玻璃又是怎样的一种玻璃呢？”

“高硅氧玻璃外表透明，质地致密光滑，并有着可与玻璃王相媲美的特性。首先，它有着良好的热稳定性，即使把它灼烧到 1000℃～1200℃的高温后迅速投入冷水中也不会炸裂。其次，它和石英玻璃一样，是优良的耐酸材料，可在化学工业上用来制作与强侵蚀物质相接触的反应器皿、反应塔、分馏柱等装置。再次，高硅氧玻璃还具有异常好的光学性质，人们常常用它来制备遨游天际的宇宙飞船的‘眼睛’——观察窗的玻璃，美国‘水星号’和‘双子星座号’宇宙飞船上的观察窗就是装上了此类高硅氧玻璃。它有顶酷暑、冒严寒的能力，而且透过它观察景物从不失真。另外，高硅氧玻璃的电学、力学性能也不差，因此是石英玻璃极有希望的代用材料。”

“高硅氧玻璃真是玻璃王的一位好兄弟。”小龙崎赞叹道。

不可不知的事

微孔玻璃

在日常生活中，我们会经常遇到一类重量轻、结构松，浑身千疮百孔的多孔物质，如面包、松糕、海绵、泡沫塑料等。玻璃中也有这样一类含大量气孔的玻璃，人们管它叫“多孔玻璃”。由于它的气孔十分微小，所以又称“微孔玻璃”。微孔玻璃原来只是生产高硅氧玻璃的中间产物，但由于它有着质量轻和星罗棋布的气孔，因此有着很大的表面积，这使微孔玻璃又有许多奇妙的用途而受到科学家们的青睐。生产高硅氧玻璃就是其用途之一，此外，它还可以用来制作新闻摄影灯、低温温度计及超导玻璃，等等。

12 太阳镜中的“变色龙”

夏天来了，太阳光变得格外强烈刺眼。小龙崎看到路边有卖太阳镜的，就央求龙叔叔给他买了一副墨绿色的。喜滋滋地带上以后，小龙崎发现看任何东西都是绿蒙蒙的，于是对龙叔叔说：“龙叔叔，戴上这太阳眼镜，看外面的景物都变成绿色的了。要是太阳眼镜像变色龙一样，能自动变色就好了。”

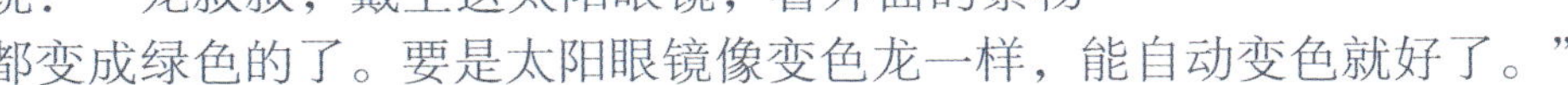

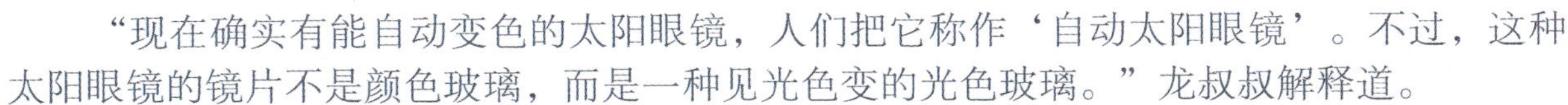

“现在确实有能自动变色的太阳眼镜，人们把它称作‘自动太阳眼镜’。不过，这种太阳眼镜的镜片不是颜色玻璃，而是一种见光色变的光色玻璃。”龙叔叔解释道。

“能自动变色的光色玻璃？是怎么制造的呢？”小龙崎的好奇心又上来啦。

过去，人们为了防御盛夏的骄阳和严冬的白雪对眼睛的强烈刺激，往往喜欢戴太阳镜。但从户外突然进入户内时，必须摘下太阳镜才能看东西。针对太阳镜的这个缺点，人们又研制了变色玻璃。这种玻璃能随周围光线的强弱自动改变玻璃的颜色深浅。当周围光线很强时，玻璃就会自动变暗；当光线弱到一定程度时，玻璃就会呈无色，使进入人眼的光线几乎保持不变。另外，它的变色是可逆的，当光线由强变弱时，玻璃的颜色随之自动由暗变亮；当光线减弱到一定程度时，玻璃又会恢复到完全透明的颜色。用这种玻璃既可制成近视镜或老花镜，又可用作太阳镜，真是一举数得。

变色玻璃的品种很多，它与普通玻璃之所以不同，是因为它里面加入了适量银的卤化物作为感光敏剂。这种感光敏剂可提高变色密度，加速变色。熔炼好的玻璃是各种元素均匀混合的固溶体，经过适当加热处理后，银和卤族元素从玻璃微晶中析出，形成卤化银微晶。由于晶粒直径很小，均匀地分散在玻璃中，光线经过玻璃时就不会出现散射现象。所以，在一般情况下，这种玻璃与普通玻璃一样透明。但在一定波长的强光刺激下，卤化银晶体就会分解为无数的卤素原子和银原子，而氧化铜离子对这个过程起催化作用，它能使所有卤化银几乎都被分解。分解出来的银原子是不透明的黑色小质点，布满在整个玻璃空间内，使玻璃变暗，从而使透光能力下降。而且，变色眼镜还可以长时间使用而不失效。

“龙叔叔，要是戴上自动太阳眼镜，看东西还会像我这副太阳镜一样，有一种绿蒙蒙的感觉吗？”小龙崎又问道。

龙叔叔笑着说：“不会了，人们只要戴上自动太阳眼镜，就再也不会是‘戴着有色眼镜’看人了，光照变色后的玻璃仍可清晰地区分出各种鲜艳的色彩，观察到物体原来的真实颜色。”

不可不知的事

溴化银与照相术

最早的银板法照相技术由一位法国的著名画家达格尔发明，这使得人们有可能把自己的相貌真实地留下来。1878 年，溴化银底片问世，它使照相技术大大简化。现在我们使用的照相胶卷就是在有机胶片上涂上一层薄薄的感光剂溴化银层，一旦快门打开，瞬间就能把景物或人像“记录”下来。在曝光的地方，胶片上的溴化银会发生光化学分解作用，产生银原子构成的潜像；而在未曝光的地方，则仍为溴化银。再经显影、定影处理，潜像中的银原子聚集成胶体颗粒，看上去就成了黑色的像了；而未曝光的地方则成了白色。这样就成了一张黑白分明的照相底片。只是，底片上的像与实物有点黑白颠倒，要恢复实物的“庐山真面目”，还得把底片上的像冲印在相纸上，这样就可得到一张美观和真实的照片了。

13 进入光纤通信时代

一天放学后，小龙崎看到几个工人正在小区门口铺设一种线缆，就走过去问："叔叔，你们在干什么？"

"小同学，我们在架设光缆。"工人说完，就接着忙去了。

小龙崎回到家，打开电脑，开始与在外地出差的龙叔叔视频。他问道："龙叔叔，什么是光纤通信啊？"

20世纪90年代以来，一些发达国家提出了"光纤到办公室""光纤进入家庭"的口号，开始把光缆铺到公路旁、住宅前。

光纤通信是把话音、图像、数据等形式的电信号，经过电信号发送设备处理后加在光源上。当信号强时，光源发出的光就强，反过来光就弱。这样就会产生随信号源强弱而改变的光信号，再通过光导纤维（简称"光纤"）将电信号传送到远方的接收端，最后把光信号转换成电信号，还原成原来的信息。

通信进入电气时代后，曾一度使得古老的光纤通信黯然失色。20世纪60年代以来，由于在光源和传输介质这两方面在技术上取得重大突破，光纤通信这种传统通信手段又重振雄风。1960年，一种新颖的光源——激光器问世了。它发出的光就是激光。激光的方向性好，适于进行光通信。又由于激光的频率很高，有可能提供更多的通信线路来满足人们对大容量通信系统日益增长的迫切需要，特别是当理想的传输介质——光纤制造工艺成熟以后，光纤通信就迅速发展起来了。产生光波的激光器和传输光波的光纤，在光纤通信中

起很重要的作用。

进入光纤通信时代

光纤由两层玻璃材料构成，总直径大约为 0.1 毫米，比头发丝还细。两层玻璃材料的折射率略有不同，能使光在其内层通行无阻；由于外层的反射作用，能使光束集中，不会辐射到光纤之外；而且光纤无论怎样弯曲，对其中所通过的光所产生的影响微乎其微。自从 1970 年美国制成光能损耗较小的光纤以来，人们只用了短短 3 年时间，就把光纤中光能的损耗进一步降低到每千米 2 分贝，使得中间不用放大仍能实现光纤通信的距离超过 20 千米。随后，各种超低损耗的光纤接连不断地问世，使光纤通信迅速进入实用化阶段。光纤通信技术的进展神速，从开创到投入使用，大约只花了 10 年的时间，发展速度超过以往任何一种通信方式。在实际使用时，人们通常把若干根光纤组合在一起，并在外面覆上一层塑料皮，制成多蕊的像通信电缆一样的光缆。

“光纤通信具有哪些优点？”小龙崎又问。

龙叔叔说：“光纤通信是利用光纤与半导体激光器相配合，用光来传送信息。光是一种频率极高而频带极宽的电磁波，因此光纤所传输的信息量极大；又由于光纤是一种非金属介质材料，所以光缆不受电磁干扰而且安全保密性强；制造光纤的主要原料二氧化硅在自然界广泛存在，因此采用光纤通信能节省大量的金属资源，用光缆取代同轴电缆（家庭中用来传输有线电视信号的电缆就是同轴电缆），可节省许多铜与铅。光缆的重量轻，又便于施工，所以光纤通信的发展迅速，并且长期保持很强的增长势头。”

不可不知的事

一位外科医生的奇妙幻想

大约100年前，有一位富有想象力的外科医生突发奇想：用什么办法可以通过人的咽喉和食道来观察病人的胃部呢？这虽然是一个大胆的设想，但也颇有科学道理．它涉及的就是怎样用光来传递信息的道理。这位外科医生的设想最终得到了一位马戏团吞剑魔术师的支持，他作了一次痛苦的尝试。医生把一条狭长的管子塞到这位勇士的食管里，管子一头装上一面小镜子，另一头装上一只小电灯，结果医生真的看到了胃部的情况，虽然还不太清楚，但他的设想终究是成功了，胃镜大概就是这样被发明的。现在的胃镜已有了根本性的改进，那硬直的管子早被光导纤维取代，性能也极为优良，成了医生的好助手。

14 用塑料建造房屋

这天早上，小龙崎与龙叔叔一起出去跑步，路过一个建筑工地。那里车来车往，水泥、沙子、砖块不断地被运进来，建筑工人正热火朝天地干着。

小龙崎对龙叔叔说："现在盖一座房子真是太费劲了，人力、物力投入太大，而且盖起来以后说不定过几年又会被拆掉。不知将来会不会有一种简单快捷的盖房子的方法。"

"我相信会的，将来我们可以用塑料来盖房子。"

"用做脸盆、水桶、杯子的塑料盖房子？龙叔叔，您不是在开玩笑吧？"

龙叔叔笑着说："当然不是！"

"塑料是什么东西做的，怎么能用来盖房子呢？"小龙崎马上问道。

塑料是一种以高分子量的合成树脂为主要成分，在一定的条件（温度、压力）下塑制成一定形状，当外力解除后，在常温下仍能保持形状不变的材料。

我们知道，树脂有天然树脂和合成树脂之分。天然树脂是指一些从自然界的植物或动物身上分泌出来的一种无定形的有机物，如松香、琥珀、虫胶、桃胶以及橡胶树上的胶乳等。这些天然树脂虽然很久以来就被人们应用在日常生活中，却往往受产量、质量限制，无法满足现代生产的需要。这就促使人们以煤、石油、天然气、电石以及一些农副产品为原料，通过化学方法，合成一些性能比天然树脂更为优越的合成树脂。这种人造的合成树脂不仅原料来源丰富，可以大量生产，而且还能改变和提高它的性能，在数量上、质量上都能满足人们生产塑料制品的需要。因而，合成树脂就成了生产塑料的主要原料。一般说来，有些塑料是一种单一的合成树脂，不再添加任何助剂，就能进行加工生产，如聚苯乙烯塑料、聚丙烯塑料等。但也有一些塑料，除了合成树脂外，还要添加其他辅助材料（增塑剂、稳定剂、润滑剂、填料、色料等），才能进行加工生产，如聚氯乙烯、酚醛塑料等。

1998 年，一座全新的建筑大厦矗立在美国马萨诸塞城城西的一座圆丘顶上。这幢房子是由美国通用电气公司塑料制品公司建造的，总共用了 20 多吨塑料制品。这座房屋的表面材料大都是塑料制品，但即使走近它，你也难以发现它同其他房屋有何不同。它的屋顶由两种不同的塑料盖板覆盖，看起来像灰色的杉木板。塑料盖板的一大优点是重量轻，安装容易，由大块板制成，无需垫层；另一优点是良好的阻燃性能。房屋前面的盖板是用塑料树脂和玻璃纤维化合成的，可以防火，这是目前所能达到的标准。房屋墙面采用的是乙烯墙板的挤压成品，具有多种颜色和形状，是用在常用的聚氯乙烯覆上了一层高性能的经得起风吹雨淋的树脂制成的。即使是看起来像拉毛水泥的表层部分也使用的是塑料制品，它在表面上喷涂了一层丙烯酸改性水泥以遮盖接缝处。墙面富有弹性，即使小孩骑车相撞，也不会被撞伤。可以预言，用塑料建房屋将是未来建筑的一种新模式。

不可不知的事

塑料的历史

1869年，当时还在做印刷工人的美国发明家海亚特，在一次偶然的操作中将潮湿的低度硝棉溶解在乙醇中，加上樟脑搅拌均匀，干燥后得到了一种特殊的材料——像象牙一样白、比橡胶更富弹性、质量又很轻的物质，这就是我们今天所称的“赛璐珞”。赛璐珞是人类最早制得的塑料，由于类似于象牙，所以又称为“假象牙”。赛璐珞一出现就受到人们广泛的欢迎，因为它不仅质轻有韧性，而且还能染成各种颜色，至今它仍被用来制造乒乓球、梳子、纽扣、儿童玩具等。虽说赛璐珞是世界上最早出现的塑料，可它的原料还是来自天然。而真正的“塑料鼻祖”的称号应给予“酚醛塑料”，它又称“酚醛树脂”或“电木”，是1910年美国化学家贝克兰发明的，只有100年左右的历史。

四、大自然送来的
奇妙礼物

1 能源是个大家族

龙崎的问题

一天，小龙崎放学回到家，来不及放下书包就对龙叔叔说：“龙叔叔，今天我们学习了伊拉克战争的相关知识。老师告诉我们说，有的学者认为美国是为了保证石油安全才打伊拉克的，这是真的吗？”

“美国发动伊拉克战争有可能部分原因确实是为了石油。”龙叔叔点头道。

“为了石油发动战争？石油那么重要吗？”小龙崎问。

“这是当然，石油是目前人类使用的能源中最重要的一种。”

“龙叔叔，那究竟什么是能源呢？”小龙崎好奇地问。

能源是人类生存所必需的能量来源。广义地说，它应该包括人们自身及人生存所必需的食物；狭义地说，则是指一切燃料以及阳光、流水、风、原子能、地热等。人类运用智慧，将上述原料转换成了自己可以支配的能源，所以我们通常所说的能源，多半是指后者，即人从自身和食物以外取得的能源，而这些能源都是巨大的。

在我们的地球上，能源是个庞大的家族。太阳是能源家族中最有威望的成员，我们把它当成第一类能源。太阳辐射的能量不仅能给人类带来温暖，使地球上的绿色植物通过光合作用转化成植物体内的生物化学能，而且能使地质历史时代的生物积累转化成煤、石油、天然气等形式，太阳辐射的能量还能引起风、云、雨、雪等天气变化而形成水能、风能、波浪能、温差能等。这类能源也都是人类将利用的主要能源。能源的第二类来自地球内部，主要有以热能形式储藏于地球内部的地热能，如地下热水、地下蒸气等；还有地球内部储存的铀、钍等放射性元素具有的能量，即原子能。能源的第三类来自天体对地球的引力所产生的能量，如潮汐能等。

在电视新闻、报纸、杂志等中，我们还经常看到常规能源和新能源、再生能源和非再生能源。

如果按照人类利用能源的技术状况分类，能源又可分为常规能源和新能源。常规能源是已经被人类利用了很多年、技术成熟而且现在还在大规模使用的能源，如煤、石油、天然气、水力、柴草等。现在，全世界使用的能源几乎全靠它们来供应。新能源又称“非常规能源”，是指限于技术水平和经济条件，尚未被人类大规模利用、有的还处于研究阶段的能源，如太阳能、核能、地热能、风能、海洋能，等等。

如果按照能源是否可以再生进行分类，能源还可以分为再生能源和非再生能源。自然界有些能源只要保护得当，使用合理，是能够循环再现和不断更新的，如植物储存的生物化学能和水能；还有些能源是天赐予人类的，如太阳辐射能、风能、海洋能等，这些都属于可再生能源。有些能源则需要经过漫长的地质时代和具备一定的条件才能形成，对于短暂的人类历史来说，可以认为这些能源是不可再生的，如煤炭、石油、天然气、核燃料等。随着人类对这些不可再生能源的大规模开发利用，它们的储量将越来越小，终有一日会枯竭，所以被称为非再生能源。

“看来能源家族是个大家族，它们有许许多多同父异母的兄弟姊妹！”小龙崎感叹道。

“是呀，人类正在努力寻找它们，使它们能早日为人类社会的生产和日常生活提供各式各样的燃料和动能，推动现代社会的发展。”龙叔叔说道。

不可不知的事

能源的其他分类方式

能源的分类方式还有好多种。我们一般把以现有形式存在于自然界中的能源称为一次能源。一次能源还可以进一步分为再生能源（如风、海洋、草木燃料、地震火山等）和非再生能源（如化石燃料、核燃料等）。我们把需要依靠其他能源来制取或生产的能源称为二次能源。电能、氢能、汽油、甲醇、丙烷等，都属于二次能源。另外，按能源本身的性质，还可以将其分为含能体能源和过程性能源两大类。含能体能源的含量集中，如各种化石燃料、核燃料、地下热水等；过程性能源是能量较集中的能量过程，比如风、流水、潮汐等。

2 能源老大哥——煤炭

这天吃完早饭，小龙崎没事干，就趴在阳台上看着马路上来来往往的车辆打发时间。过了一会儿，他跑进屋问正在沙发上看报纸的龙叔叔："龙叔叔，刚才我看到有好几辆车拉的都是煤炭，这黑糊糊的东西有多大作用？"

龙叔叔放下报纸，说："煤炭的用途十分广泛，冶金、化工、交通运输和电气工业等都离不开它。人类发现和使用煤炭的历史已经有几千年啦，煤炭是推动世界经济飞速发展的能源动力，所以它被人称为'能源老大哥'。可以说，我们今天的这个现代化社会，是通过煤炭建立起来的。"

"那煤炭是怎么形成的呢？"小龙崎歪着脑袋问。

古代的时候，人们见煤和石油一样生成在地下，以为煤是一种凝固、硬化了的石油。有人看见火山喷发，万丈火焰腾空而起，炽热的岩浆四处漫流，又以为煤是从地底下喷出来的东西。更多的人则认为，煤是一种石头，一种黑色的石头，它同其他石头自盘古开天辟地以来就有啦。我国春秋战国时期把煤称为"石涅"或"涅石"，就是黑色的石头的意思。可是，煤与一般的石头毕竟不同，一般的石头不能被火点着，煤则是能够燃烧的。

曾经有过这样一种说法：自然界里存在着一种可以燃烧的"煤液"，煤的生成正是普通的石头被煤液浸润的结果。不过因为这种煤液谁都没有见过，所以这种说法慢慢地也就不再有人相信了。近二三百年来，随着人类生产实践和科学技术的发展，人们逐渐认识到煤不是一种普通的石头，而是一种可燃有机岩，是由大量的植物遗体经过复杂的生物、物理、化学作用转变而成的一种沉积矿产。

老大哥——煤炭

植物死亡以后的尸体在两种不同的外因条件下可以得到两种完全不同的结果。一种是植物尸体裸露在地面上，氧气供应充足，喜氧微生物繁殖迅速，整个植物尸体将通过氧化分解和水解作用变成沼气、二氧化碳和水分等，几乎完全烂掉，这样情况就根本不能形成煤。另外一种情况是植物死亡以后的尸体倒进水里，被水层覆盖，或者完全被水浸润，与空气隔绝或者得不到充分的氧气供应，缺乏喜氧微生物的生存条件。这时，植物尸体的分解作用就会逐步减弱，不会很快烂个精光，而是慢慢地形成植物堆积层，后来又在厌氧微生物的作用下发生了一系列的生物、化学反应，变成啦一种黑褐色的淤泥状物质——泥炭。由于地壳运动，形成泥炭的地带逐渐下降，沼泽地形消失，水流带来越来越多的黏土和泥沙，沉积、覆盖在泥炭之上，这样泥炭就被慢慢地埋藏到越来越深的地下。在深深的地下，微生物的作用减少甚至没有了，日益增大的温度和压力发挥了作用。在温度和压力的作用下，泥炭终于变成了煤。

“大自然的作用真是奇妙！那全世界有多少煤炭啊？能用多久？”小龙崎又问道。

龙叔叔笑着说：“煤的储藏量比石油多得多。全球可采掘的煤就有6400亿吨，相当于石油蕴藏量的7倍多，加上不易开采和质量低的煤，总共10万亿吨。按目前每年消耗30亿吨的速度计算，地球上的煤足可以维持人类两个世纪的需要。在这两个世纪里，人类会有充足的时间来开发太阳能、原子能等新能源技术。”

不可不知的事

煤由植物生成的证据

在一些年轻的煤层中或煤中的夹石里，人们甚至用肉眼也能看到煤中有植物的根、茎、枝、树皮、树叶和花果的痕迹。在我国阜新煤田的煤层里，人们曾经发现过相当完整的树干，虽然树干已经变成了煤，但是其外形仍然保存完好。在其横断面上，有时还可以清楚地看到一圈一圈的年轮。另外，化学分析的结果告诉我们，煤中有机物的化学组成与植物有机体的化学组成基本相似，碳、氢、氧、氮等4种元素占了绝大部分。比如，煤中的碳占82%，木材中的碳占50%；煤中的氢占4.5%，木材中的氢占6%；煤中的氧占12.7%，木材中的氧占43%；煤中的氮占0.8%，木材中的氮占1%。这就是说，煤中有机物的化学组成非常类似于木材。煤与木材相比，只是多含了一些碳，少含了一些氧而已。

3 生活中离不开的煤气

一天，居委会王奶奶来家里通知，说上午煤气公司要检修管道，所以整个小区断煤气一天。

送走啦王奶奶，龙叔叔说："小龙崎，看来今天没办法做饭了，咱们出去吃吧。"

小龙崎答应了，跟着龙叔叔往外走。在路上，他问："看来煤气的作用还不小呢！煤气一断，我们就连饭也吃不上了。"

"是啊，自从煤气取代了煤出现在人们的日常生活中，其作用就日益显著，人们就好像一天都离不开它啦。"龙叔叔打开了话匣子。

"那煤气里到底有什么成分？"小龙崎接着问道。

由于煤的气化方式与工艺的不同，煤气的成分也各不相同。比如，20世纪20年代发展起来的"水煤气"，它是通过水蒸气、空气和煤的反应得到的，主要成分是一氧化碳和氢气，主要用作合成氨工业的原料。第二次世界大战后，为了进一步提高煤气的燃烧热值，又出现了"加氢"气化的方法。这种方法通过在煤的分子里加氢，达到近于甲烷的碳氢比值，以提高热值，成为理想的燃料。当然，通过煤的高温干馏，可以很简单地得到煤气。这种方法可以得到原来的煤总量70%左右的焦炭、6%左右的液体产品和约10%的气体产品。另外，煤的发生炉气化法大约可以使70%的煤转化成煤气，只是热值不太高。我们家庭里使用的煤气主要是钢铁厂炼铁时产生的高炉煤气，主要成分

也是一氧化碳。

在生活中，煤气能取代煤的原因是煤气比煤干净，它燃烧时不会冒烟，不会产生煤渣、煤灰。所以，人们理所当然地选用了它。另外，煤气还有一些优点，比如煤气可以通过管道运输，燃烧也比煤充分，发热多。总体来说，将煤从黑糊糊的固体转变成无色气体，就好比净化了煤一样，使煤的使用方式更为清洁。

“把煤炭挖出来再变成煤气，岂不是很麻烦？能不能在地下直接把煤炭变成煤气？”小龙崎来了灵感。

“当然可以。让煤直接在地下燃烧后变成煤气输出来供人类使用的这个设想，早就由俄国化学家门捷列夫提出了。之后，各国开始相继关注煤的气化技术，对地下煤层气化做了大量实验，目前这已成为专门的一个领域。其一般原理是：在地面打一些钻孔通到煤层，并设法先把两个钻孔贯通，然后点火，使煤炭在地下燃烧，并从一个孔中鼓进空气、氧气、水蒸气、少量氮气等组成的气化剂。这样，煤就会在地下发生像煤气厂里制备煤气那样的反应，生成可燃气体。可燃气体从装有特制设备的另一个钻孔处被引出地面，通过管道运输，就可以提供给电力、化工企业使用或作民用。但由于煤层所处地理情况复杂，气化规模又巨大，所以做的就没有说的那么容易了，它需要多种科学技术互相配合。”龙叔叔拍了拍小龙崎的肩膀，耐心地给他解释道。

“那将来我们先将煤炭变成气，就可以直接用管道运输了，真是太妙了！”小龙崎兴奋地说道。

不可不知的事

水煤气的气化方法

水煤气化的方法，是将高温的水蒸气和空气通入预先粉碎好的煤层中以进行反应。由于一部分煤和氧气发生燃烧反应，放出了巨大的热量，使反应系统温度升到摄氏1000℃以上。在此高温下，煤和水蒸气之间发生了另一个化学反应。在此反应中，煤吸收了水蒸气分子里的氧，生成了一氧化碳，并同时释放出水中的氢，这就是煤的水煤气化反应。此反应吸热。水煤气除用作燃料外，还是重要的化工原料。

4 煤炭摇身一变成石油

这天，小龙崎和龙叔叔一起看电视。他们从新闻中得知，国内的汽油价格又要上涨了。

“又涨价了，看来汽车真是越来越开不起了。”龙叔叔边看新闻边说。

“汽油为什么老涨价呀？”小龙崎好奇地问龙叔叔。

“我告诉过你，汽油是通过石油加工出来的。现在石油越来越少，甚至出现了‘石油危机’……”

不等龙叔叔说完，小龙崎就抢着说：“我知道了，这样一来汽油的产量就少了，价格自然就贵了。难道我们没有别的办法生产汽油吗？”

龙叔叔回答说：“有啊。例如，通过煤的液化就可以生产汽油。”

小龙崎接着发问：“真是奇怪，煤是黑糊糊的固体，而石油是液体，怎样才能实现这个转化呢？”

要回答这个问题，还得从煤炭和石油的一些特点说起。

我们知道，不论是煤炭，还是石油，它们都属于化石能源。煤是由很久很久以前的植物被埋在地底下，经过漫长的地质年代逐渐炭化而成的。而石油呢，一般认为它是由很久很久以前地球上的动物被埋在地底下，受到高温、高压等地质作用而慢慢生成的。尽管来源不一样，但它们的化学成分是基本相同的，都是由碳、氢、氧等化学元素组成的。石油的主要成分是碳和氢，硫和氧的含量特别少。而煤却是一种复杂的混合物，它的分子量很大，是石油的 10 倍甚至更多。

煤炭跟石油的另一个主要区别，是它们所含的碳原子的数目和氢原子的数目之比各不相同。煤炭所含的碳原子的数目和氢原子的数目大约是石油的两倍——煤里头的碳原子的数目比石油的多，而氢原子的数目却比石油的少，但煤里头的氧原子和氮原子的数目又比石油的多很多。另外，从分子结构上来看，煤里头的碳原子主要是环状形式的结合，而石油的分子结构却主要是链条式的。因此，我们就可以选择一定的条件，如高压、高温等条件，在煤的分子里加进大量的氢元素，把大分子变成小分子，使它的结构跟石油差不多。这就是煤炭液化的理论基础。

煤的液化反应在 1913 年就由德国化学家伯尔齐乌斯提出了，这是一种比较复杂的化学合成方法。在 20 世纪 20 年代和“二战”时期，德国用这一方法生产了大量汽油。到了 20 世纪五六十年代，石油工业飞速发展，廉价汽油随手可得，就没人再去搞代价较高的煤液化了。但 20 世纪 70 年代后，石油危机的来临才又让人们重新记起气化、液化煤技术，并进行了深入广泛的研究。

小龙崎点了点头，还想了解更多的东西，就问：“龙叔叔，那煤的液化到底是怎么实现的呢？”

“液化煤技术得在 400℃～480℃、100～300 个大气压的条件下，才能够进行。反应过程里的物质有气体的，有液体的，也有固体的。关于煤炭液化的反应机理和反应过程的种种变化，科学家们直到目前还没有得出完全一致的意见。不过，比较普遍的看法是，煤炭受热以后，先变成一种叫作‘沥青烯’的不太稳定的中间产物，然后，沥青烯再跟氢气反应生成油。当然，煤炭并不是全都变成了油，其中那些不参加液化反应的物质，像灰分等，也混在了里头。因此，液化反应以后，还得把这些东西从油里分离出去。这时候，所得到的液化油是暗褐色的，还不能用它作为汽车和飞机的燃料，还得进到炼油厂去经过进一步的加工才能使用。而且，影响煤炭液化反应的因素很多，主要是煤的性质、反应的温度、反应的压力、溶剂的性质以及反应过程所用的催化剂。虽然煤液化成石油的过程比较复杂，但人类心中总算有了底。因此，一些科学家对能源问题的前景持乐观态度。”

小龙崎拍拍小手，高兴地说：“那我们就能对付‘石油危机’了，这煤的液化用途可真大。”

“是啊，不过前途漫漫，煤的液化技术还需科学家们努力摸索。”龙叔叔点头道。

不可不知的事

饱和烃和不饱和烃

有机化学中的所谓“饱和烃”其实就是碳原子周围的4个键都与其他原子相连接的有机化合物。如乙烷，2个碳原子周围连接6个氢原子，中间是1根碳碳相连的键，形成了饱和状态。“不饱和烃”则是与碳原子相连的原子数目不够的有机化合物。如乙烯，2个碳原子周围只结合了4个氢原子，每个碳原子都空出2根键，形成碳碳双键，它是不饱和键的一种。

5 地下埋藏的“黑色金子”

石油“变”金子

暑假里的一天，龙叔叔带着小龙崎乘客车到石油城大庆参观旅游。

望着天上的朵朵白云和窗外的绿色草原，小龙崎说：“龙叔叔，大庆真美啊！咦，那边怎么有那么多仿佛钢铁巨人一般的铁架子？”

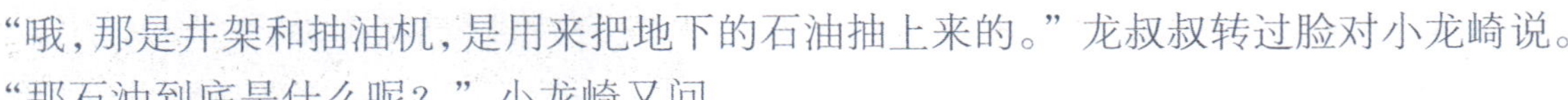

“哦，那是井架和抽油机，是用来把地下的石油抽上来的。”龙叔叔转过脸对小龙崎说。

“那石油到底是什么呢？”小龙崎又问。

从化学角度来看，石油是由不同的化学物质组成的成分非常复杂的混合物。组成石油的化学元素种类并不多，主要是碳和氧，其中，碳占84%～87%；氢占12%～14%。另外还有氧、氮、硫等，加在一起占1%左右。别看组成石油的化学元素种类很少，但是由碳和氢组成的化合物的种类却多得惊人！化学上把由碳和氢组成的化合物叫作“烃”，石油就是形形色色的碳氢化合物——烃的大杂烩。烃有一个十分重要的特点，就是随着分子中碳原子和氢原子数目的不同和排列方式的差异，它可以形成千千万万种各不相同的化合物。比如，石油中主要含有烷烃、环烷烃和芳烃，它们都是一些碳氢化合物，只是碳、氢的组成比例不同，分子结构有所差别罢了。

复杂的化学组成决定了石油丰富的化工用途。从地下开采出来的石油，又叫作“原油”，原油如果不进行加工，是很难被直接利用的。对原油进行加工，也就是对原油进行加热、分馏，可以得到含烃类不同因而沸点也不同的汽油、煤油、柴油、润滑油、重油、渣油、沥青、石油焦等。如果继续加温，石油就会变成烯烃、芳烃等不饱和的烃类混合物。我们用这些烃类化合物作基本原料，生产出多种有机化合物，再以这些有机化合物作基础，我们就能像变魔术似的创造出数以千计的有机化工产品来。

石油的本领很大，所以人们叫它“黑色的金子”。亿万年来，万物生长靠太阳。首先是植物吸收了太阳的光能，把二氧化碳和水变成植物的根、茎、叶和果实。动物吃了植物后，能量也就贮存在动物的体内。由于生物体内含有大量的碳、氢、氧等成分，在一般情况下，生物死后，它们的尸体很快就会腐烂，大量的碳和氧化合成二氧化碳而散失掉了。但是，如果这些生物的尸体在浅海海湾或湖泊中沉积下来，并且随即被大量的泥沙掩埋住，在这种隔绝了空气、缺乏氧气的环境里，经过一些特殊的细菌，如厌氧性细菌的分解，生物尸体中的碳水化合物和含蛋白质的化合物被破坏了，就形成了有机质丰富的淤泥。随着地壳不断升降，沉积物不断加厚，有机淤泥在缺氧和温度、压力不断加大的条件下，加上细菌的作用，发生了复杂的化学变化，逐渐转变为石油。由生物尸体转变为石油的这一过程，要经过相当长的时间，一般来讲需要几百万年。

小龙崎恍然大悟：“啊，真奇妙，原来我们现在使用的石油来自亿万年前的太阳能。可是生成石油要那么多年，我们以后不就不够用了吗？”

“是的，所以人们已经在考虑开发新的能源了，如核能、太阳能等。”

“那我们应该好好珍惜石油资源才是。对了，龙叔叔，什么地方才能采出石油呢？”

“地球上有石油的地方很多。中国、美国、俄国高加索地区等都有石油资源。尤其是中东地区的沙特阿拉伯、科威特、伊朗等国，有许多储量丰富的大油田，这些中东国家每年输出的石油占全世界输出石油总量的70%。”

不可不知的事

石油树

听起来匪夷所思，什么树能产出石油呢？但在大自然中恰恰就能找到这种植物。众所周知，一般绿色植物通过光合作用生成了碳水化合物，也就是由碳、氢、氧等元素组成的糖类。可是，有些植物却能将光合作用进行得更彻底，生成许多胶汁状的碳氢化合物，其成分和性状与石油非常相似，故称“石油树”。如大戟科植物、油棕榈树、油楠树、阔叶木棉、南洋梧桐树等，它们的树皮、树干、树根、树叶乃至果实中都能流出可以燃烧的液体。其实，石油树早在20世纪30年代就被人类发现了。随着石油资源的日渐枯竭，它们的身价增长了百倍，变得像黄金一样珍贵。

6 天然的气体作燃料

随着环保观念日益深入人心，越来越多的汽车已经不烧汽油了，而是烧一种气体。

这天，小龙崎对龙叔叔说："现在很多汽车竟然不烧汽油，改烧气儿了，真是奇妙！这种奇妙的气体到底是什么啊？"

"这种汽车叫天然气汽车，它们的燃料就是这种奇妙的气体——天然气。"

"天然气？顾名思义，它应该是一种天然的气体喽？"小龙崎推测道。

"是啊，天然气是大自然送给人类的奇妙礼物，它是能源家族中的一位重要的成员。"

"龙叔叔，那天然气的成分是什么呀？"

天然气是由甲烷、乙烷、丙烷和丁烷等多种气体组成的一种混合气体。人们一般将天然气分为贫气和富气两种。贫气主要成分是甲烷（含90%以上），也有少量的乙烷等其他气体。这种气体不易变成液体，所以又称"干气"。我国四川省的天然气就属于干气。富气往往与石油共生，多是采油时被开采出来的，也称"油田伴生气"。富气主要成分有甲烷、乙烷，并含丙烷和丁烷等。这种气体加压、降温后会部分地变成液体。油田伴生气中还含有少量的戊烷和己烷，在低温时可变为液态轻质油。

作为燃料，天然气容易燃烧，清洁、无灰尘，热值很高且不污染环境。用天然气代替焦炭，可提高生产率30%。天然气还是燃气锅轮机和内燃机的理想燃料。另外，天然气中一般含有多种碳氢化合物，它们都是很好的有机化工原料。例如，从天然气中可以分离出来甲烷、乙烷、丙烷、丁烷、丁二烯以及苯、甲苯、二甲苯、乙炔和萘，并可进一步转化成5000多种化工产品，包括合成纤维、合成橡胶、合成塑料和化肥等。

“天然气的用处真不小。那大自然把天然气藏在地球的什么地方呢，龙叔叔？”小龙崎急于想知道天然气的出处。

“在地球上还没有人类的远古时代，大量的动物和植物在近水地区生活。这些动植物死亡之后，尸体沉入水底，泥沙不断地堆积，便把它们压在下面。在动植物尸体中，生长着一种叫作‘嫌气性细菌’的细菌。千万年以来，这种细菌做着一种分解动植物尸体的工作，从而产生了一种气体，即天然气。后来，地壳发生变动，陆地上升，古代海里的水退去，气体就向着那些有利于贮藏的地方集中，从而形成了现在的天然气贮气层。有些天然气和原油贮藏在同一层位，有些则单独存在。和原油储藏在同一层位的天然气，会伴随原油一起被开采出来。从气井或原油中得到的天然气，一般含有各种杂质，必须经过净化处理，可以回收得到部分化工原料。”龙叔叔解释完以后，接过小龙崎递过来的茶水，抿了一口。

“大自然送给我们的这个礼物真是太奇妙了！”小龙崎拍手叫绝。

不可不知的事

最早利用天然气的国家

我们的祖先很早就知道利用天然气了。据史书记载，2200多年前，在现在的四川双流县，当地劳动人民在钻井抽取地下盐水时，就发现了天然气。这天然气与现在用的煤气相似，燃烧时能放出大量的热，人们利用它来煮盐。人们把这种天然气的井叫作“火井”。汉代也有关于四川火井的记载。如《后汉书》记载，在四川邛州（今四川邛崃）曾钻成一个两三丈深的火井。据说，三国时的诸葛亮也曾经观察过这个火井。我国古代取用天然气的办法，是用竹管把天然气从火井中引到炉灶中去，就像现代城市中输送煤气的管道一样。我国的火井已有2000多年的历史，到清朝时，四川自流井气田已经开发，在当地兴起了天然气开采和制盐工业。新中国成立后，那里的劳动人民还在利用天然气煮盐。这样悠久的开采历史，在世界上确实是罕见的。国外直到1820年左右，才开始开采和利用天然气。

7 生命的源泉——太阳能

星期天，龙叔叔带小龙崎出去爬山。正午时分，骄阳似火，照得人身上火辣辣的。

“这是什么天气啊？刚 5 月份就这么热！太阳挂在天上，像个大火炉，我都快被烤熟啦！”小龙崎擦了一下满头的大汗，抱怨说。

龙叔叔把草帽给小龙崎带上，说：“别埋怨太阳了，要是没了它，地球上就不会有生命了。”

“太阳和地球生命有什么关系呢？”小龙崎好奇地问。

太阳是茫茫宇宙中一颗极普通的恒星，是一个巨大的炽热的气体球。它的直径有 139 万千米，表面温度为 6000℃，内部温度在 1500 万℃左右，实际上是一个庞大无比的天然热核反应堆。它每秒钟要向周围的宇宙空间放射约 3.8×10^{23} 千瓦的能量，然而只有 22 亿分之一的能量能射到我们地球上，其中还被厚厚的大气层吸收和反射掉大约 53%。所以，最后真正到达地面的能量就只有 80 万亿千瓦了。但是，你可千万不要小瞧了这部分太阳的能量，它相当于全世界发电总功率的几万倍。许多自然过程——风、水流、海流等的能量归根结底都来自太阳，所以风能、水能、海洋热能等都是对太阳能的变相利用。另外，太阳辐射能进入地表后，很少一部分通过光合作用被绿色植物的叶子“捕获”，转变为生物体内的化学能储藏起来，经过漫长的地质年代，形成煤、石油、天然气和油页岩等化石燃料。显然，这其中也储存了太阳能。

所以说，人类自古以来就一直在利用着太阳能，不过只是间接利用而已。那么，人类能不能直接利用太阳能呢？事实上，我们过去在许多方面采取了多种形式来利用太阳能。例如，把海水浓缩制成食盐，是太阳能在工业上的利用；洗好衣服后晒干，也是利用太阳能的一种。近代利用太阳能的方法就更多了。例如，将太阳的辐射光热转换为热能，可以供室内取暖、烘干、蒸馏、海水淡化、废水净化、高温处理及热发电等。另外，我们还可以制作日光电池，将太阳能转换成电能，应用在人造卫星、电灯、电话、灯塔、汽车、海上浮标、雷达通信和无线电中继站等方面。

“太阳能真是生命活动的源泉啊！想不到它有这么多奇妙的用处。但是，万一太阳以后烧光、熄灭了，没有能量了，那地球上的生物怎么生存啊？”小龙崎想得深了一步。

龙叔叔解释说：“太阳中氢的含量占 1/2 以上，氦占 40%，整个太阳实质上就是一团灼热的气体，通过热核反应不断地释放出巨大能量。不过，如今太阳内部的氢含量还很丰富，这些氢还可供太阳安安稳稳地发热、发光几十亿年。所以，不用担心，太阳现在正处于‘中年’时代呢。”

不可不知的事

太阳能制氢

氢是一种最清洁的燃料，既宜于储存，又便于携带，是一种可以代替石油与天然气的重要能源。太阳能制氢的方法也有好几种：其一是太阳能光—电制氢，即由太阳能发电，通过水电解制氢；其二是太阳能热分解制氢，即聚焦太阳光，产生2500℃～3000℃的高温，将水直接分解成氢和氧；其三是利用半导体为基础的催化体系，使太阳光通过光催化反应直接分解水；其四是利用太阳能，通过藻类或其他植物和某些微生物进行生物制氢。

8 水滴石穿的启示

最近一连下了几天雨，小龙崎发现屋檐下的水泥地板都被雨水打出了几个坑。

“小雨点居然能把这么硬的水泥地板砸出坑来，真是奇妙！”小龙崎自言自语地说。

“水的力量远不止穿透水泥地板，许多水汇集在一起还能浮起航船呢！”龙叔叔停了一下，接着说，“小龙崎，水的力量不容忽视。”

“水的力量？”小龙崎转过脸，迷惑不解地看着龙叔叔。

“水的力量也是一种资源，”龙叔叔肯定地说，“它能用来发电，而且发电量极其可观呢！”

“龙叔叔，那水是怎样发电的？”

哦，这个问题很大，我们先从江河的力量说起。地球上遍布着成千上万条大大小小的河流。很早以前，人类就居住在河流的两岸，从事各种生产活动。江河不但为人们提供了舟楫之便和灌溉之利，而且还提供了丰富的水力资源，为人类造福。不过，那穿千峡、劈万壑、呼啸而下的汹涌急流，有时也会如一只猖獗的猛虎——它携带泥沙，切割河岸，毁坏堤防，淹没庄稼，甚至吞噬人畜和村庄，显示着它的强大力量。科学家们估算，全世界的河流，每年都要把大约 180 亿吨的泥沙搬至浩瀚的大海，并在入海口处造成一块块新的陆地。若将这些泥沙全部堆积在地球的赤道上，只需要一年的时间，就可以筑成一座宽 20 米、高 100 米的环球大坝。看，世界上有哪个大力士能有江河这种移山填海的本领啊！

那江河的这种移山填海的本领是如何形成的呢？原来，河水大部分是靠海水的蒸发，形成陆地降水来补充，太阳辐射像个无形的巨大水泵，不停地将海水从海洋搬到陆地，形成了巨大的水循环，保证了河水永不干涸。从物理学原理上来说，一种物体从高处落下时，就会将位能转化为动能，产生做功的力量。同样，水从高处流下时，也会将位能转化为动能，产生做功的力量。这种力量，就是我们通常所说的“水力”，也叫“水能”。水能利用的主要方式是发电。水力发电就是利用河流中蕴藏的水能来生产电能。最常用的办法是在河流上建筑拦河坝，将分散在河段上的水能资源集中起来，然后依靠引水管等引取水流去推动厂房中的水轮发电机组，在机组转动的过程中将水能转变为电能。在这里，水流本身并无损耗，仍可为下游用水部门所用。

“小龙崎，你能说出水力发电有什么优点么？”龙叔叔讲到这里问道。

“我想水力发电的污染一定很小。”小龙崎回答说。

龙叔叔点点头，赞许道：“一点也不错。水力发电事业还可以和其他水利事业互相结合。为了利用水能生产电能，人们常常要修建水库，而水库可以承担防洪、供水、发展航运等多种任务。另外，水力发电价格低廉，蕴藏量可观，由自然界水循环中的降水补给，从而使水能资源成为不会枯竭的再生能源。”

不可不知的事

中国丰富的水力资源？

我们西南地区有许多重要的河流，如金沙江、岷江、怒江、澜沧江等。这些河流坡度陡，水流急，落差大，蕴含着丰富的水力资源。雅鲁藏布江的大转弯处落差急骤，其水力资源的蕴藏量相当于100个大型水电站的水电潜力呢！黄河、长江、珠江、闽江和东北水系也蕴藏着丰富的水力资源。另外，我国还有不少瀑布。如著名的黄果树瀑布水势浩大，蕴藏着大量的水能量。在世界各大洲中，非洲的水资源储藏量排世界第一位，单是刚果河就蕴藏着超过整个欧洲的水力资源。此外，俄罗斯的叶尼塞河、伏尔加河，巴西的亚马逊河，美国的密西西比河，印度的恒河等，都是水力资源丰富的大河。

9 地球为我们烧的热水

假期里，龙叔叔带着小龙崎去了云南腾冲县。在那里，小龙崎看到许多地方都有热水冒出来，用手一摸，有的还很烫手呢！

“龙叔叔，这里怎么有这么多热水？人们干吗把烧的热水倒在这里啊？”

“傻孩子，这里的热水可不是人们把它烧热的。”

“那是谁啊？”

“是地球。”

“啊？地球？怎么可能？！”小龙崎奇怪地嘟起了小嘴。

我们的地球就像一只半熟的鸡蛋，它主要分为三层：最外面的一层叫作“地壳”，它是由土层和坚硬的岩石层组成的，厚度并不均匀，在 10 ~ 70 千米之间。中间的一层相当于蛋白部分，叫作“地幔”，大约有 2900 千米，温度在 100℃以上，这一层都是些熔融的岩浆。最里面的一层相当于蛋黄的部分，叫作“地核”，它的温度更高，在 2000℃ ~ 5000℃之间。所以，地球内部是一个高温高压的世界。

那地球内部的热能又从何而来呢？我们知道，地球是由火热的星际物质形成的，它历尽沧桑，几经变化，才变成了今天这种郁郁葱葱、花团锦簇的样子。目前，尽管人们对于地球的起源有两种不同的观点，但他们都承认地球物质中放射性元素蜕变产生的热量是地热的主要来源。地球内部由于放射性元素蜕变而产生的热量平均为每年 5 万亿亿卡。此外，

还有一种地球转动热，就是地球自转时因角速度的变更而引起岩层水平位移和挤压进而产生的机械热，这种热量也相当可观。地球内部的热能随时间而源源不断地向外界散失，但这种散失与地球内部不断产生的热能相比是微不足道的，而大量的地热能则沉睡在地下，形成了一个庞大的“热库”。

地球的构造是复杂的，地下热量向地表的散失也不均匀。在那些地热散失厉害的地区，地下增温的速度也很快，这就是所谓的“地热异常区”。我们要开发地下热库，首先得注意这样的地区。因为地热异常区是引导我们寻找地下热能最明显而直接的线索。在条件适宜的地热异常区内，其地下储藏着很多的热水、热蒸气或者热岩层。有的热源比较弱，热水温度比当地水的沸点低，跑到地面上来的就是热泉和温泉。

“哦，原来我们刚才看到的是一家温泉浴室啊！”小龙崎恍然大悟。

“小龙崎真聪明！”龙叔叔用赞许的目光看了小龙崎一眼，继续说，“温泉是当前技术条件下最容易利用的一种地热资源。此外，在地热异常区，人们也比较容易用人工方法如钻井，把地下热水和蒸气引导到地面上来。如果某个地方的地下储藏着大量的热水和蒸气，我们就称它为‘地热田’。”

“原来大地之下还蕴藏着这么有用的能源，大自然真是太奇妙了！”

不可不知的事

什么是干热岩？

在地下深处岩浆炽热的地方，有着比地下热水和地热蒸气更为巨大的地热资源——干热岩，它是在地下普遍存在的、没有水也没有蒸气的热岩石。1立方千米热岩所拥有的能量相当于一个产油1亿桶的大油田，但是提取干热岩热量的技术难度很大，需要采用特殊的方法。目前人们已经进行过两种尝试：一种方法是往岩层深处钻两个孔，用水的压力破碎干热岩，然后把冷水从一个孔内注入，将高温岩体加热成170℃～180℃的水汽，将其从另一个孔中抽出，推动涡轮机进行发电。发电后，水可以再次被注入孔中循环使用。另一种方法是打一竖一斜两口直达干热岩的井，使它们在底部相连。竖井底部的热岩用爆破方法形成许多裂缝和孔洞，从斜井中灌进冷水，冷水在干热岩中被加热成蒸气，再沿竖井回到地表。这样，人们就可以每小时从地下取出8000万～20000万千焦耳的热量。

10 大有可为的“白煤”

假期里，龙叔叔带小龙崎来到了青岛奥林匹克帆船中心。在这里，小龙崎近距离地参观了比赛用的帆船。小龙崎一边看，一边发问：“龙叔叔，帆船上没有马达，也没有船桨，它靠什么在比赛中跑得那么快啊？”

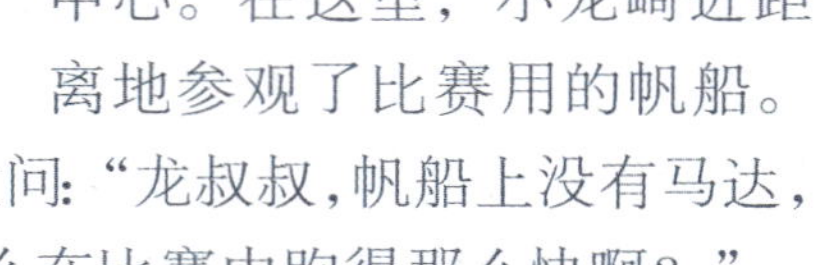

“靠风呀！船上的帆能把风转化为动力，通过帆船运动员就可以控制整条船的速度与方向。”

“这看不见摸不着的风到底是怎么产生的？”小龙崎抓抓头发，疑惑地问。

我们居住的地球的表面包围着一层大气，这就是我们平常所说的空气。这种大气是有气压的，而且有的地方高，有的地方低。由于这种气压差异的存在，当空气从气压高的地方向气压低的地方一直向前做水平流动时，就产生了风。至于风能，指的是空气流动所产生的动能。风能是太阳能的一种转换形式，地球接收到的太阳辐射约有20%被转化成了风能。科学家们估算，如果全球风能总量的1%能被利用，即可满足人类对能量的全部要求，而且风能本身不用花钱，取之不尽，用之不竭，又一点儿也不污染环境。所以，平时人们又把风能称作“白煤”。因此，风能是大自然送给我们的又一奇妙礼物。

20世纪80年代以来，许多国家和地区都在千方百计地利用风能。例如，日本制造了一艘带帆的油船“信德丸号”；美国修建了一座世界上最大的发电风车，风车钢叶片的直径有60米，当风速达到15米每秒时，其发电能力为2000千瓦，可满足周围300户人家用电需求。目前，美国政府正在大力支持发展小型家用风力发电机。在“风车之国”荷兰，每年5月份的第2个星期六被定为“风车日”。届时，全国所有的风车都要转动，供游人参观。

我国对风能的利用也有悠久的历史。约在公元前2000年，当我们的祖先体力满足不了生产发展的需要时，他们最先利用的就是风能。最初，祖先们利用风力抽水灌溉农田，后来逐步发展到利用风力进行航海、碾米、磨粉，等等。因此，在我们现在的经济建设过程中，不应忽视对风能利用的探索。

“龙叔叔，既然风能这么有用，可为什么现在我很少见到您说的那些风帆、风车呢？”小龙崎不解地问。

“世界上任何事物是一分为二的。”龙叔叔解释道，“风能有许多长处，但它也有不少缺点。比如，由于风能来自空气的流动，而空气的密度是很小的，因此风能的密度也很小，这就导致转化风能的风力机的效率比较低。另外，风能的获得也很不稳定，时大时小，时有时无，使用起来不方便。随着煤炭、石油、天然气等矿物燃料的大规模开采，风能的利用就渐渐被人类忽视了。”

“这么多的风能不用真是可惜！”小龙崎脸上不禁露出了惋惜的神情。

“别着急！”龙叔叔安慰他说，“最近几年，随着气象能源学和能源气象学的发展，人们已经研制出各种不同型号的风力机，其应用范围包括供暖、制冷、通信、海水淡化等。目前，科研人员正在积极攻关，努力解决风力机的安全性、实用性和经济性问题，以让蕴藏在大自然中的风能为经济建设作出更大的贡献。”

“看来，风能的利用才刚刚开始，开发‘白煤’大有可为呀。”小龙崎高兴地说。

不可不知的事

风的大小是如何度量的？

风的大小是用风速来度量的。单位时间内风的行程叫作“风速”，常以M/S、KM/H作为其度量单位。由于风具有不恒定性，所以风速又分为瞬时风速和平均风速。前者可以用仪器在一个较短的时间内（0.5～2S）测得，后者是某一时间间隔在各瞬间风速的算术平均值，因此有日平均风速、月平均风速、年平均风速之分。表示风速特性的又有风速的频率和风速的变幅等概念。风速的频率是指1个月或1年的周期中，发生相同风速的时数占1个月或1年内刮风总时数的百分比。某一地区的风速频率大，表明该地区风速比较稳定，有利于对风能进行利用。风速的变幅是指风速变化的幅度，风速的变幅小，对风能的利用而言是极为有利的。

11 惊涛骇浪的贡献

放暑假了，龙叔叔带小龙崎来到了海边。刚下车，小龙崎就被一阵阵“哗哗”的声音吸引住了。他循着声音朝大海望去，只见海浪一次又一次地拍打着岸边的礁石，一朵朵浪花在沙滩上盛开。

“龙叔叔，您说这海浪是怎么产生的？”小龙崎是个好学的孩子，时刻都不忘记提问题。

海洋波浪是由海上的风而引起的海面上水的运动。大海总是不平静的，无风时微波荡漾；有风时，巨浪翻滚；风大时，奔腾咆哮的海浪猛烈地拍击着岸边的岩石，发出响雷般的轰鸣声，激溅起高高的浪花。海浪的高度一般不超过 20 米，然而它冲击海岸时却能激溅起六七十米高的浪花。这浪花犹如一把利剑，曾将斯里兰卡海岸上一个 60 米高处的灯塔击碎。海浪这位大力士还创造过不少新纪录：拍打岸边的激浪曾把法国契波格海港 3 吨半的重物抛过 60 米的高墙；在苏格兰威克，巨大的海浪将 1350 吨的庞然大物移动了 10 米；在荷兰的阿姆斯特丹，一个 20 吨重的海中混凝土块被海浪举起 7 米多高，又被抛到距海面 1.5 米的防波堤上；1952 年，一艘美国轮船在意大利西的海面上被海浪拦腰劈成两半，一半抛上了海岸，另一半被冲到越漂越远的海水里。

巨大的波浪如此威力巨大而可怕，但我们人类还是可以用自己的智慧变害为宝，让大自然为人类服务。据科学测算，全世界的波浪能总蕴藏量为 109 千瓦，这是一笔巨大而取之不尽的能量财富。20 世纪初期以来，人类已经提出了数以万计的计划并进行了各种试验，利用波浪能发电就是其中的一种方式。

正说着说着天已黑了，龙叔叔拉着小龙崎来到窗口，说：“小龙崎，你看，在一望无际的大海当中有一个发亮的东西，那就是航海灯，它是用来给航船指引方向的。航海灯所需要的电就是利用海浪发的电。这种发电装置最早是 1964 年由日本制成的，虽然这台发电机的发电能力仅为 60 瓦，只够一盏灯使用，然而，它却开创了人类利用海浪发电的新纪元。”

“利用海浪发电，既不消耗任何燃料和资源，又不产生任何污染，这个点子真是太奇妙了！”小龙崎说。

龙叔叔点点头，接着说：“这种干净的发电技术不占用任何土地，只要有海浪就能发电，特别适合于那些无法架设电线的沿海小岛使用。英国是继挪威、日本之后利用海浪发电的第 3 个国家，它于 20 世纪 90 年代初在苏格兰的艾莱岛上建成了一座发电能力为 75 千瓦的海浪发电站。英国爱丁堡大学还在研制 5 万千瓦的发电装置。目前，世界上已有几百台海浪发电装置在运行，但它们的发电功率都较小，需要进一步地开发。”

波浪继续拍打着礁石，像是在催促着人们加快开发利用它的步伐。

不可不知的事

招潮蟹和它的生物钟

在沿海的沙滩上生活着一种小螃蟹，它的螯特别大，渔民叫它“招潮蟹”。潮水回落期间，大量的招潮蟹从洞中钻出来，它们在海滩上四处觅食，潮水来了，它就进洞栖息。有趣的是，不论这些蟹在从事什么活动，每当潮水到来之前的10分钟，他们的活动都会戛然而止，招潮蟹们会迅速返回老巢，其准确性犹如在执行严明的军纪，令人叹为观止。

科学家们把从海边捉来的招潮蟹放在漆黑的实验室中，让它们远离海岸，无法感受潮汐和昼夜的变化。照理，招潮蟹在此情况下应该不会有什么节律了，可是几个星期过去了，它们觅食活动的时间表仍然是按照原有规律，就像依旧生活在海滩上那样。这一事实非常生动地表明，招潮蟹的体内必定有自己固定的“计时器”，在脱离原有环境时，该“计时器”仍然有效。

12 垃圾里蕴含的能量

每年暑假，小龙崎都要跟随龙叔叔到农村的奶奶家住些日子。村子里有许多小伙伴，小龙崎与伙伴们一起爬树摘果子、下河摸鱼虾，非常快乐。而且，每当奶奶做饭时，小龙崎还喜欢在灶头后面帮奶奶烧火。

今年暑假，小龙崎又来到奶奶家。他发现院子里的柴草垛不见了，就问："奶奶，没有了柴草，您怎么生火做饭啊？"

奶奶没有说话，而是把小龙崎拉进了厨房。小龙崎发现厨房里放着一个类似城市里用的煤气灶，而原来用砖头垒起来的锅灶不见了。只见奶奶拧开炉灶开关，划根火柴，蓝色的火焰就"呼呼"燃烧了起来。

"原来家里已经装上煤气了！"

"不，这不是煤气，这是沼气！"门外的龙叔叔纠正他说。

"龙叔叔，什么是沼气啊？我怎么从来没听说过呢？"

沼气是一种可以不断再生、就地生产、就地消费、干净卫生、使用方便的新能源。这种新能源尤其适合燃料缺乏而又有大量农作物秸秆和人畜粪便的广大农村使用。有趣的是，沼气这种可燃气体最早是在沼泽、池塘中被发现的，所以人们便给它起了"沼气"这个形象的名字。实际上，我们通常所说的沼气，并不是天然产生的，而是人们利用人畜的尿、粪便、农作物的秸秆、树叶、杂草以及污水、污泥等生活中的有机垃圾制成的。把这些有机垃圾装到一个密封的沼气池里，在一定的温度、湿度和酸度的条件下，一种叫作“甲烷菌”的微生物就会大显神通，经过一系列的生物、化学反应，它就把有机物变成了沼气。如果把沼气通进像煤气炉一样的沼气炉里，就可以用它来烧水做饭了；如果把沼气接到沼气灯上，就可以用它来点灯照明了。此外，它还可以代替汽油、柴油发动机器呢！20世纪70年代，沼气的生产和利用在我国农村得到很大发展。它不仅解决了农村缺少燃料的困难，而且还对改善农村的脏乱环境起到了一定的积极作用，同时也促进了生产的发展。

所以我们说，垃圾其实也是一种能源，只要我们合理利用，垃圾就能变成宝啦！

小龙崎：“真是奇妙！这些臭烘烘、脏兮兮的垃圾竟然还有这么大的用途！龙叔叔，农村的垃圾可以用来生产沼气，那我们能不能像农村生产沼气那样，把城市垃圾也变废为宝呢？”

“当然可以！目前，美国已建成20多座垃圾发电厂，有效地减轻了能源危机的压力。垃圾发电在技术上并不困难。将一堆堆固体垃圾由封闭的货车运到电厂，把垃圾击成碎块，送上输送带——输送带上装有成串的吸铁石，它们能吸走垃圾中的废钢铁。一个空气分拣器分别按重量吹走废玻璃和其他废金属。当长长的输送带经过一个长方形装置时，不受磁吸的金属如废铝制品等就被扔进这个收集器里。在流水线的末端，最后剩下的是有机废物如食品残渣、纸屑、废塑料和纤维等。将这些

有机废物一起碾成粉末，放入锅炉内燃烧，就可推动汽轮发电机发电。整个锅炉密封，可以防止臭气逸出。每天焚烧400吨垃圾，就可以发电8000千瓦。”

“龙叔叔，听您这么一说，我觉得垃圾不像以前那么讨厌了。”小龙崎总结道。

不可不知的事

沼气的好处在哪里？

在一切开发的新能源中，沼气最简单。首先沼气池的建造不需要特殊的技术和材料。我国农村人口众多，土地辽阔，制造沼气的原料从人粪到衰草，取之不尽，用之不竭，可谓“化腐朽为神奇”。我国农村大约每年有5亿人口缺3～5个月的烧柴，如果能普及沼气能源，一个五口之家修建一个10立方米左右的沼气池，一家人的烧水煮饭、灯火照明就基本有了保证，从而能有效地解决目前农村的柴荒问题。

主要参考书目

严家其：《能源》，科学出版社 1976 年版。

钱善杨：《科学拾锦》，广西人民出版社 1983 年版。

中央人民广播电台科技组：《科学广播》，科学普及出版社 1986 年版。

高鸿昌等编选：《让思维再敞开些》，山东教育出版社 1988 年版。

阎启翔：《金属、材料科学文学作品选》，中南工业大学出版社 1990 年版。

辽宁省科普作家协会组编：《身边高技术》，国际文化出版公司 1992 年版。

王德胜主编：《现代科技精华》，科学出版社 1993 年版。

毕庶本等编著：《神话变为现实高新技术》，中国华侨出版社 1995 年版。

周戟：《信息时代之后：2030 年的地球时代》，武汉测绘科技大学出版社 1996 年版。

郑茂盛：《文明大厦的基石：材料科学与社会》，山东科学技术出版社 1999 年版。

谢长生：《人类文明的基石——材料科学技术》，华中理工大学出版社 2000 年版。

周东启等编著：《无止境的前沿现代科学技术鸟瞰》，哈尔滨出版社 2001 年版。

王渝生主编：《走进中国科学技术馆》，文物出版社 2002 年版。

于红主编：《五光十色的新科技》，农村读物出版社 2002 年版。

于今昌：《遨游太空：人类探索太空的故事》，广东教育出版社 2004 年版。

丁华民：《信息广场：科学的故事》，吉林文史出版社 2006 年版。

畲田主编：《神奇的太空·航天知识篇》，西北工业大学出版社 2009 年版。

谢宇主编：《奇特的新材料：材料科学》，百花洲文艺出版社 2010 年版。

谢宇主编：《动力的源泉：能源科技》，百花洲文艺出版社 2010 年版。

邬全俊编：《太空知识与空间技术》，吉林人民出版社 2010 年版。